JN193325

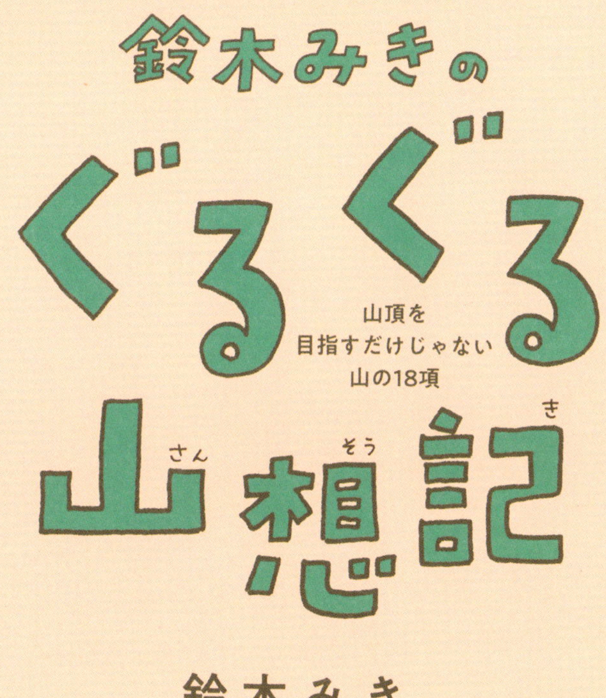

鈴木みき

交通新聞社

はじめに

ぐるぐる、ぐるぐる。
私は普段から、いろいろ想いを巡らせている。
家でも街でも、電車でも山でも、ぐるぐる、ぐるぐる。
くだらないことがほとんど。だけど止まらない。

目に見えたこと、耳に聞こえてきたこと、
鼻にただよってきたもの、
肌に、足に、感じたもの、よぎる気持ち。
それを言葉にして想う作業が好きなのだと思う。

山や自然と触れ合いだしてから20年、
私の言葉は「山」を根幹に生まれてくるようになった。
家でのぐるぐるも、街でのぐるぐるも、
一度「山」という幹を通っていく。

だから何を想っても「山」と繋がっている。
いや、勝手に繋げようとしちゃうのかな。

とくに山のなかで想いを巡らすのは
私にとって至福の時。
歩いていると次々に新しい発見があり、
楽しいぐるぐるに事欠かない。

街で山を想うことも多い。
店頭の看板や駅のポスター、
視界に入る「山」という文字に敏感に反応してしまう。
ふと吹かれたビル風があの日の山に似ていることもある。

ぐるぐる、ぐるぐる。
結局どこにいても山のことばかり想う。
そんなにたいそうな内容ではない、
どちらかというと、どうでもいいことだけど。

この本はそんな私の頭のなかが
つれづれに綴られています。
軽い気持ちでお付き合いください。

CONTENTS

第3章 山小屋あれこれ

第4章 山スタイル

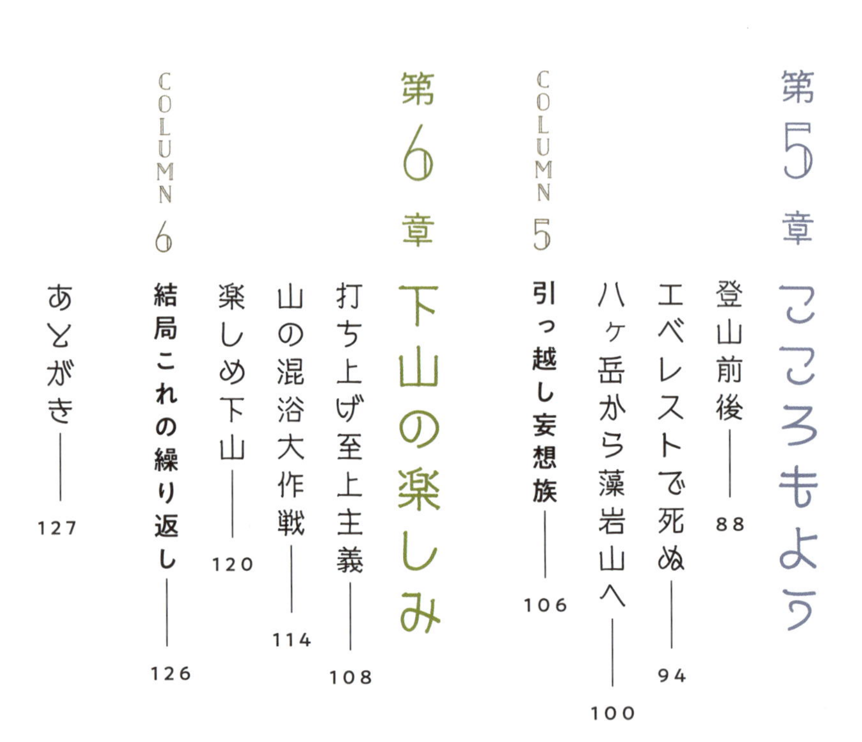

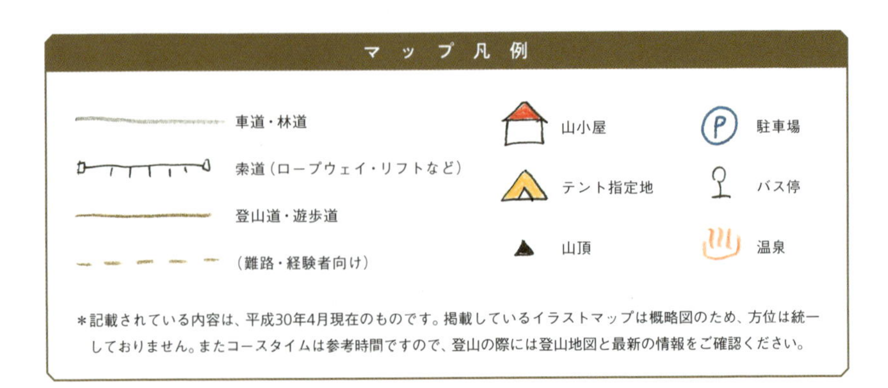

マップ凡例
車道・林道
索道（ロープウェイ・リフトなど）
登山道・遊歩道
（難路・経験者向け）
山小屋
テント指定地
山頂
P
駐車場
バス停
温泉
＊記載されている内容は、平成30年4月現在のものです。掲載しているイラストマップは概略図のため、方位は統一しておりません。またコースタイムは参考時間ですので、登山の際には登山地図と最新の情報をご確認ください。

第1章

自然はすごい

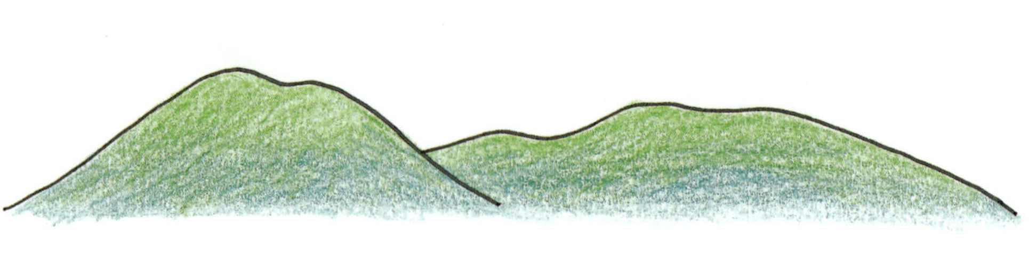

涙のチングルマ

最近、本気で花が愛しくなってしまった。

そりゃあ、山を登り始める前から花をきれいだと感じられる感受性くらいは持ち合わせていたし、記念日に花を贈るのも好きなほうだ。とはいえ、山に咲く花を見てこんな気持ちになるだなんて……。

一度は盛夏の北アルプス室堂で、一面に咲くチングルマに泣いてしまった。チングルマなどアルプスのどこに行ったって咲いているお馴染み過ぎる花だ。またあるときは、岩に張り付くツガザクラを見つめたまま動かなくなった。こちらの眼差しが潤んできたものだから、あちらが目を背けた。私は花になにを感じ始めてしまったのかしら？

よく登山者は「厳しい環境下で逞しく咲く花に元気をもらう」とか「めずらしい花を見つけられて嬉しい」と言う。

たしかに、高山植物は逞しい。植物が動物以上に生きることに対して策略家なことや、やたら選り好みが激しいということは、雑誌で植物の連載ページを持っていたときに学んだ。とくに高山植物は敢えてマイノリティとなって、種の生き残りを懸けている。「逞しい」というより「したたか」といえるかもしれない。人間にとっては厳しい山の環境だが、彼らにとっては丁度よく、もうそこでしか生きられないし、生きたくない。だから私は元気はもらわない。むしろ山に適応できて羨ましい。私も一年中そこに居たい。

「めずらしい花」も盗掘や環境の変化でめずらしくなってしまったものには同情する。気が遠くなるほど時間をかけて見つけた居場所を、大半は人間のせいで追われようとしているのだから気の毒だ。だけど植物だから謝っても説明しても伝わらない。そこがまた取り返しがつかない。

めずらしい環境下に咲く希少な花も、より過酷な場所を選んでるだけあって、奇抜で武装派な容姿のものが多い。花なのかも微妙に思えるほど……人間の美的感覚に迎合していない孤高感に、逆に見てはいけないものを見たような気持ちになる。私の場合は、「めずらしいものを見られて嬉しい」、とは少し離れている気がする。

チングルマ

Geum pentapetalum
バラ科 ダイコンソウ属

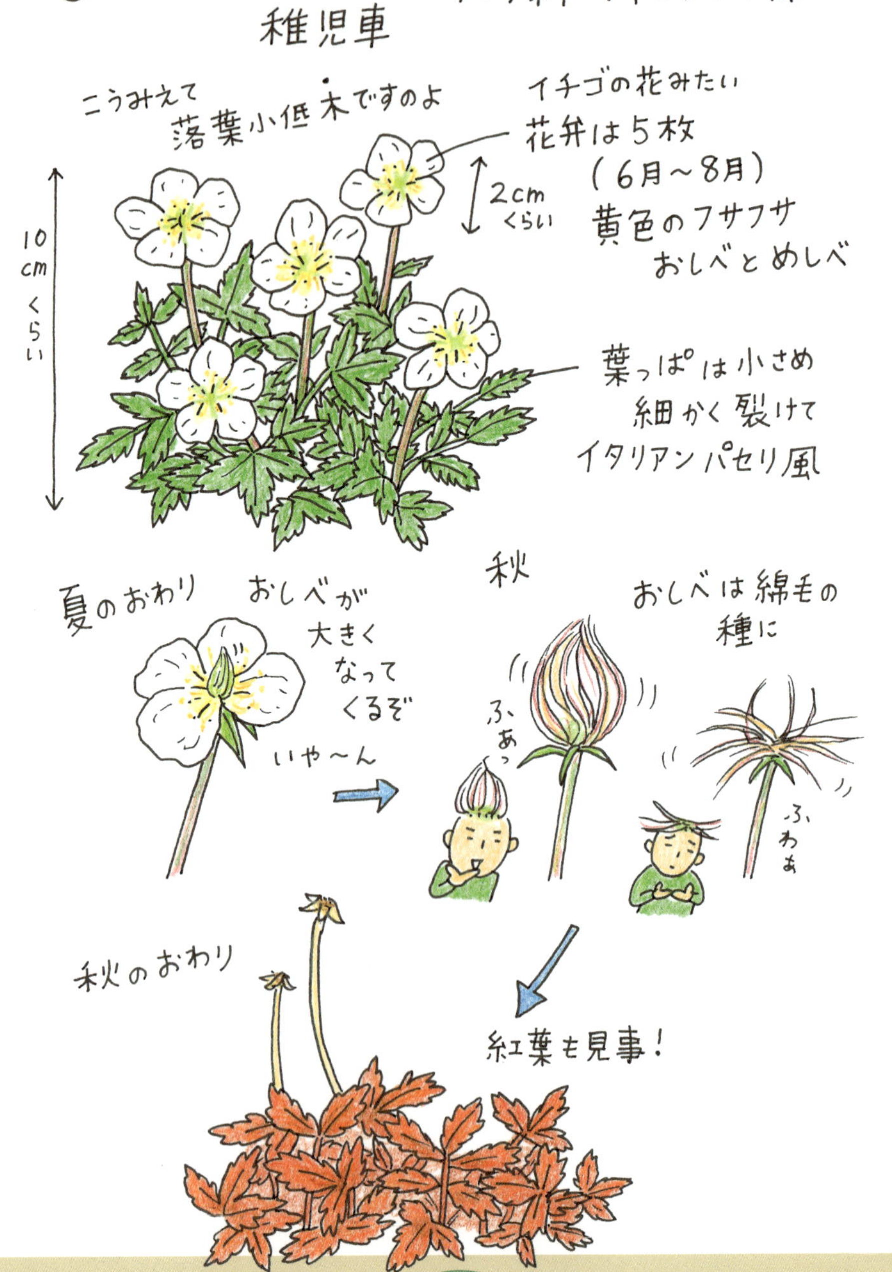

ツガザクラ

栂桜

Phyllodoce nipponica
ツツジ科 ツガザクラ属

似た者どうしで比べてみる

ツガザクラ

イワヒゲ

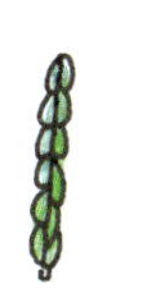

アオノツガザクラ

ジムカデ

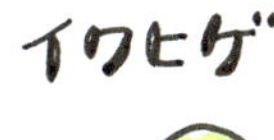

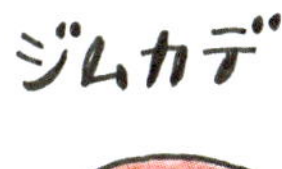

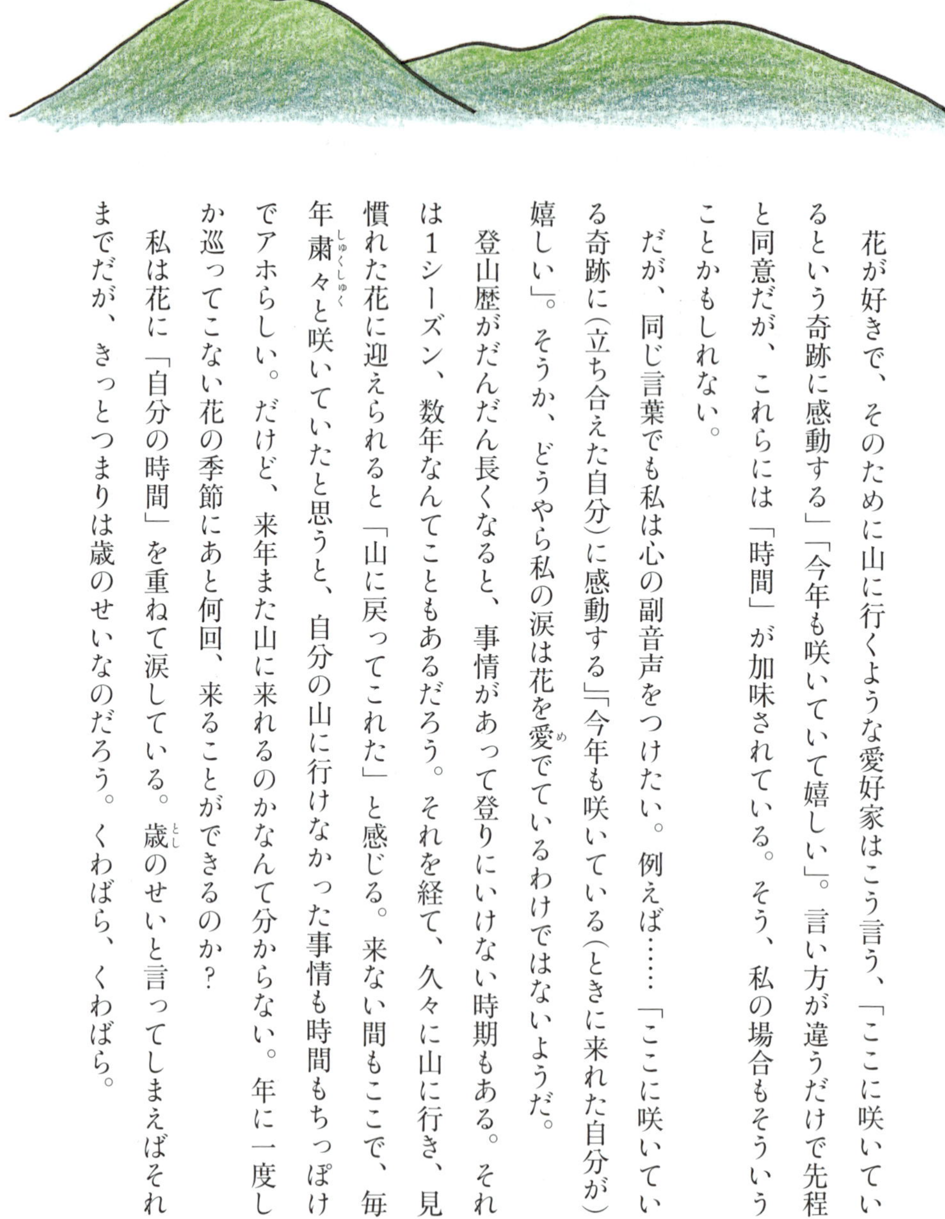

花が好きで、そのために山に行くような愛好家はこう言う、「ここに咲いているという奇跡に感動する」「今年も咲いていて嬉しい」。言い方が違うだけで先程と同意だが、これらには「時間」が加味されている。そう、私の場合もそういうことかもしれない。

だが、同じ言葉でも私は心の副音声をつけたい。例えば……「ここに咲いている奇跡に(立ち合えた自分)に感動する」「今年も咲いている(ときに来れた自分が)嬉しい」。そうか、どうやら私の涙は花を愛でているわけではないようだ。

登山歴がだんだん長くなると、事情があって登りにいけない時期もある。それは1シーズン、数年なんてこともあるだろう。それを経て、久々に山に行き、見慣れた花に迎えられると「山に戻ってこれた」と感じる。来ない間もここで、毎年粛々と咲いていたと思うと、自分の山に行けなかった事情も時間もちっぽけでアホらしい。だけど、来年また山に来れるのかなんて分からない。年に一度しか巡ってこない花の季節にあと何回、来ることができるのか?

私は花に「自分の時間」を重ねて涙している。歳のせいと言ってしまえばそれまでだが、きっとつまりは歳のせいなのだろう。くわばら、くわばら。

立山室堂 お花マップ

AREA

立山・室堂

ACCESS

富山方面から

富山地方鉄道立山駅→立山ケーブルカー 7分、立山高原バス50分→「室堂」下車

長野方面から

JR大糸線信濃大町駅→
アルピコ交通バス40分→「扇沢」下車→
関電トンネルトロリーバス16分→
「黒部ダム」下車→黒部ケーブルカー 5分、
立山ロープウェイ7分、
立山トンネルトロリーバス10分→「室堂」下車

INFORMATION

室堂周辺は観光者が歩けるほど道が整備されているが、少し高くまで登って景色を見るのであれば登山靴で出かけたほうがいい。乗り物で行けてしまうため油断しがちだが、標高が高いので真夏でも防寒着はお忘れなく。

ファンタジーは突然に

檻にも入っていない、繋がれてもいない動物といえば大人になるまで小学校の登下校時に現れた野良犬か、適当にいる街猫くらい。そのせいか野生動物に会うことに強い憧れを持っていたと思う。

24歳でカナダにホームステイをしたとき、郊外の住宅地には連日シマリスや鹿がやってきた。夢のようだった。友達になりたくて私が執拗にシマリスを追うものだから、家族から付けられたあだ名は「ビッグチップモンク」。

同年、カナディアンロッキーへ人生初のトレッキングに出かけることになり（これがのちに登山を始めるキッカケとなる）、シマリスで調子に乗っていた私は、あわよくばもっと大きな野生動物に会いたいと願っていた。だがしかし本当の野生動物は怖かった。私が道中よく出会ったのはビッグホーンシープという、とぐろのような角を持つ大型のヒツジだったが、近くで見るとデカイし臭いし毛並みは汚いし目つきも悪い。銅像みたいに動かないかと思えば、突然こちらに向かってきたり、まったく気持ちが読めない。こちらのことなど動物はおろか岩とも思っていないのだ。ファンタジーは消えた。野生動物と仲良くなるなんて夢想だ。これが熊じゃなくてよかった。出会うのはシマリスくらいでいい。

それから随分経つが、野生動物へのスタンスはあまり変えていない。お互いのためにも山で動物に会えないほうがいい。と人には言っている。でも本当はまだファンタジーを恐怖心の奥に隠している。ガサッと茂みが動いたときや、温もりが残っている糞や不思議の国の入り口のような獣道を見つけたとき、雪面や湿地に残る足跡に、ムンと漂う生き物の匂いに……ギュッと身構える、目も耳も鼻も澄ます……怖い。でもどこか期待している。友好的に「やあ！」なんて挨拶を交わせるんじゃないかと信じている節がどこかある。「いや、絶対にない。擬人化しちゃダメ。」そう言い聞かせ、私はファンタジーをしまい込んで歩きだす。

もう一丁前の中年であるからして、絵本みたいなことが現実に起こらないのは知っているし、夢想を語れば友人が減らないとは限らない。だから日頃からファンタジーは戒めている。いっそ諦めたい。そんな私に数年前、一縷のファンタジー

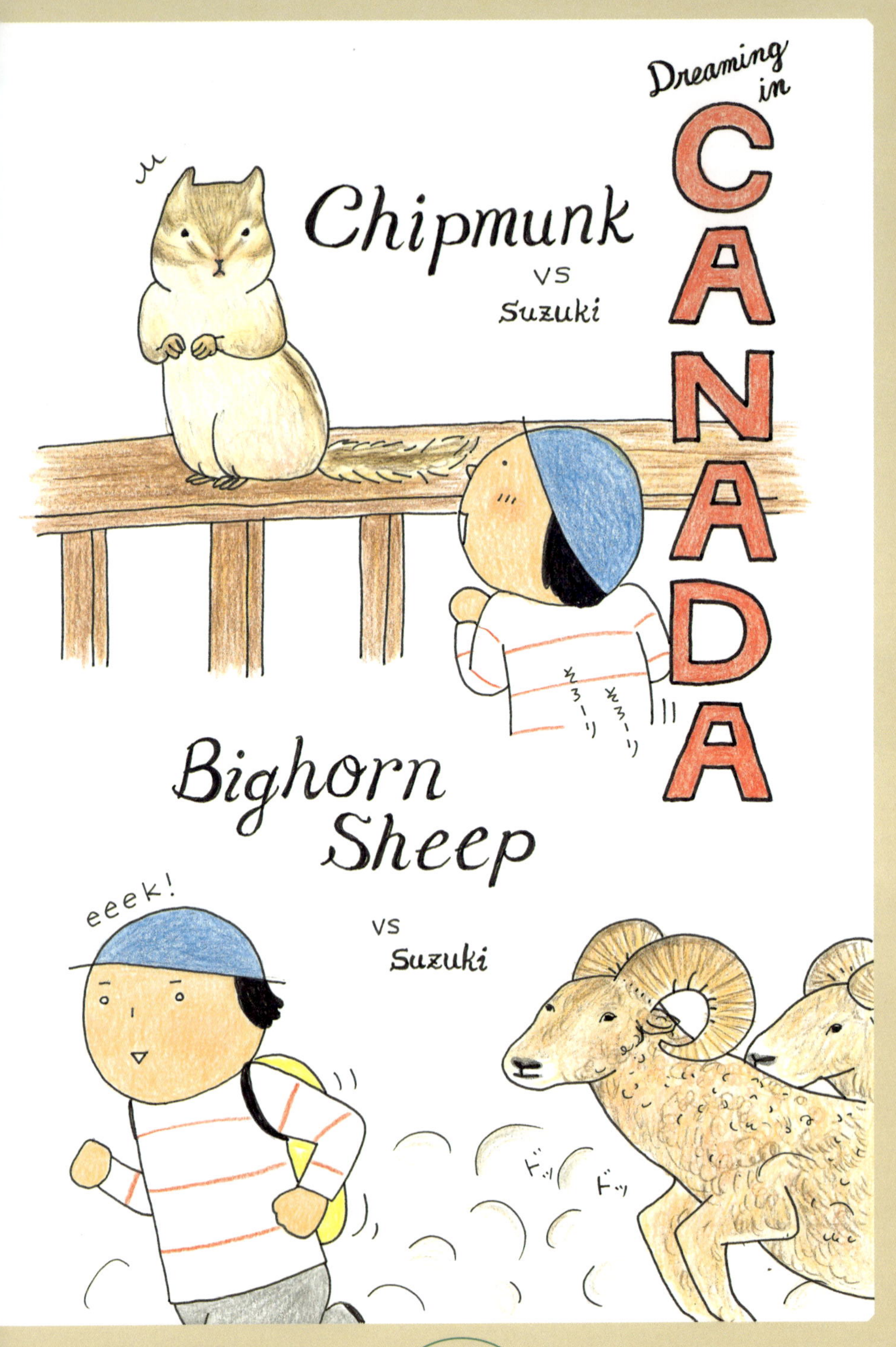
Dreaming in
CANADA
Chipmunk
vs
Suzuki
そろーり
そろーり
Bighorn Sheep
vs
Suzuki
eeek!
ドッ
ドッ

fantasy of
知床
蝦夷鹿
vs 鈴木
あの〜
北狐
vs 鈴木
あいさつに来てくれたの？
いいえ

を見せちゃった場所がある。知床だ。
知床の山裾に足を踏み入れた瞬間から、カナダを彷彿させるような、自分が何とも思われていない感じにゾワゾワ興奮してくる。しばらく歩いていくと大きな木の下に2、3頭のエゾシカが、座ってた。「座っている」鹿なんて奈良公園以外で見たことがあっただろうか。こちらに気づけど立ち上がる気配はない。逃げるだろうと慎重に間合いを詰めていっても、耳だけをこちらに向けて座っている。あと3～4ｍとなって面倒くさそうに立ち上がり、のんびりと森に消えていった。おいおいおい。ヌルくツッコミを入れる。その次はキツネだ。さりげない瞬間にトットットと目の前に来て止まった。私も止まった。目は合っている。瞬き数回。そして再びトットットと行ってしまった。去っていくキツネの後ろ姿に、おいおいおい。にやけた顔でツッコんだ。
知床は世界遺産になってから狩りをしなくなった。その結果、よかったんだかどうなんだかは分からないが、人間を恐れなくなったという。
あれ？ファンタジーってあんじゃない？
知床に行かなければよかった。

知床半島フレペの滝　ファンタジーマップ

AREA
知床半島

ACCESS
斜里駅から
JR釧網本線知床斜里駅→斜里バス「羅臼」行き
1時間10分→「知床自然センター」下車

札幌駅から
札幌駅→高速夜行バス（イーグルライナー）
「斜里」行き7時間15分→
ウトロ温泉バスターミナル→
斜里バス「羅臼」行き10分→
「知床自然センター」下車
＊フレペの滝まではさらに徒歩20分

INFORMATION
危険箇所はないが、視界が悪いときは道を外れないように気をつけよう。歩く前に知床自然センターで情報と知識を入れておくと、より楽しく歩ける。道中、かわいい動物が出てきても絶対に食べ物をあげてはなりません。

お天気劇場

山に登って、もうすぐ山頂という段になると、空に近づいていく感覚がある。山は他の場所よりも盛り上がっているだけあって眺めがいい（もっとも木で遮られている場合も多いが）。山の上でなにを眺めているか思い返してみると、「空」という人は多いのではないだろうか？　私は気づけば空の写真をよく撮っている。とくに雲が気になるようだ。山を被写体にしていても、山より空の面積が構図の大半以上を占めていることが多い。加えて、ドピーカンより雲がある日のほうが撮影枚数も多いようだ。より主役の山が引き立っているような気がする。雲は摑(つか)みどころがないくせに存在感のある名脇役だ。

そんな雲も主演を張ることがある。ほとんどの登山者から嫌味を言われる難しい役どころだ。山では「ガスる」日が少なくない。昨年の山行なんて晴れていた日を思い出すほうが大変。「山は白っぽい思い出の彼方」だった……ん、これを雲

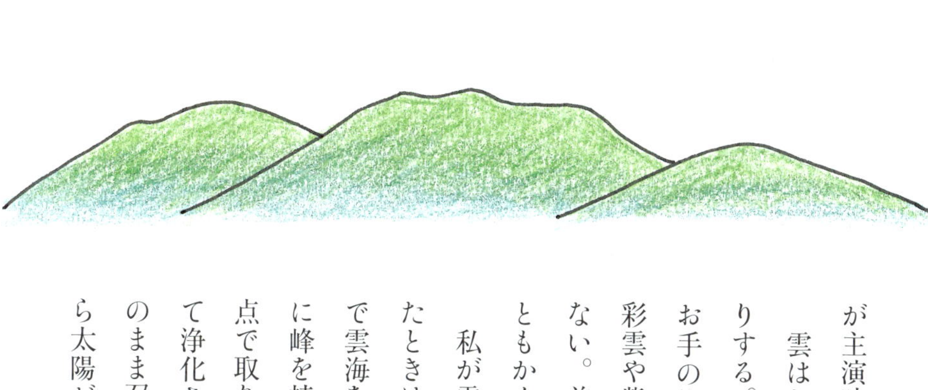

が主演映画のタイトルにしようか？ いや、ヒットしなさそうなのでやめておこう。
雲はただガスらせるだけでなく、雨や雪を降らせたり、雷なんてのも落としたりする。とくに雷雲の迫力ときたら竜雷太もまっつぁお。季節を感じさせるのもお手の物で、「イワシ」に「羊」に「入道」にと変幻自在の怪優ともいえよう。彩雲や紫雲なんて神がかりだし、もしかするとアカデミー賞受賞もあるかもしれない。前代未聞、レッドカーペットが霞むハプニングに全米が泣くだろう。まあ、ともかく登山は「雲と共にあらん」のだ。
私が雲を凄いなと思ったのは富士山だった。山頂をぐるりと包囲する雲海を見たときは驚いた。ウッカリ天国まで登ってきちゃったかと思った。それまでも山で雲海を見たことはあったが、初めての見え方だった。富士山は日本一高いうえに峰を持たない。峰を持つ山だと雲の上には稜線が残るが、富士山頂は雲の上に点で取り残されていた。雲が下界のなにもかもを隠しているせいか、雑念が消えて浄化されていく感覚があった。雲海の色が徐々に光を帯びてきて、「ああ、このまま召されてしまう」……、そう思うタイミングに見渡す限りの雲の大海原から太陽が壮大に昇り始める。まるで大御所の登場の仕方だ。オーラがすごくて、

SORAプロダクション
所属俳優名鑑

名前／特技／好きな言葉／代表作

月

ダイエット、リバウンド／
引きが強い／アポロ計画、
うさぎとボクの約30日間

太陽

周囲が勝手に周回する／
明けない夜はない／
宇宙の中心で熱く燃える

風

スカートめくり／東の頬を
打たれたら西の頬も差し
出しなさい／寒太郎

酸素

空気感のある演技／
失ってから初めて大切な
ことに気づく／8000m〜デッドゾーン〜

雲（下り坂48・リーダー）
変幻自在／天上天下唯我独尊／眠れぬ夜に、ブロッケンモーニング、ドラマ 父さん、今日は大漁です

異色のアイドルグループ「下り坂48」のリーダーとしても活動、以下はメンバー

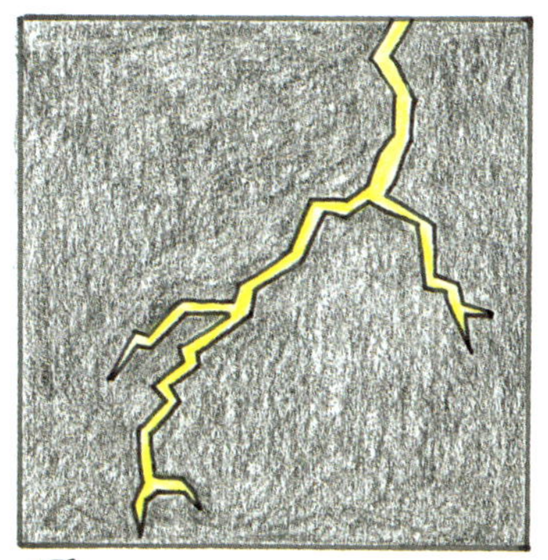

雷 ドラム／プラスマイナス／高木ブー伝説、実録・山火事

雨 スカイダイビング／水に流す／ゲリラ'12

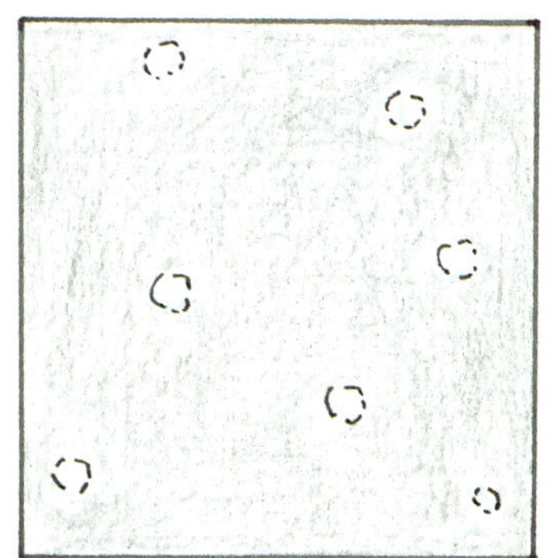

雪 犬を喜ばす／色白は七難隠す／私をスキーに連れてって

台風 北上／騎虎之勢／タイフーンファミリー

自然に手を合わせてしまう。

太陽がすっかり上がると、雲が上手とも下手ともなく捌（は）けていく。下界がみるみる正体を現す。「カット！」カチンコが鳴ったように我にかえる。これが「富士山」という映画なら、私たちはエキストラのようなものかもしれないが、それにしては山頂でなかなかいい顔の名演技をしてしまった……。そろそろ受け流してもらっていいが、某映画会社のオープニングって富士山だったね。

登山は「天気」で物語が変わる。これまでも登山を左右してきたのは、雲も含む「天気」だった。悪天に登山を諦めたことも、急変に焦って下山したことも、予備日いっぱいに沈殿していたことだってある。逆に、晴れれば滅多（めった）に見えない遠くの山が見えたり、雨上がりの虹に幸せをもらった。

登山中に迫られるいくつもの判断のうち、天気によるものがどれだけ多いだろう。天気でどれだけ心持ちが違うことか。天気に恵まれれば、登山はほぼ成功なのである。つまり「天気」が「登山」を包括している、いや、もう支配しているといっても過言ではないように思う。

だから登山者は無意識に機嫌をうかがうように空を眺めるのだ。

映画『富士山』出演キャスト　マップ

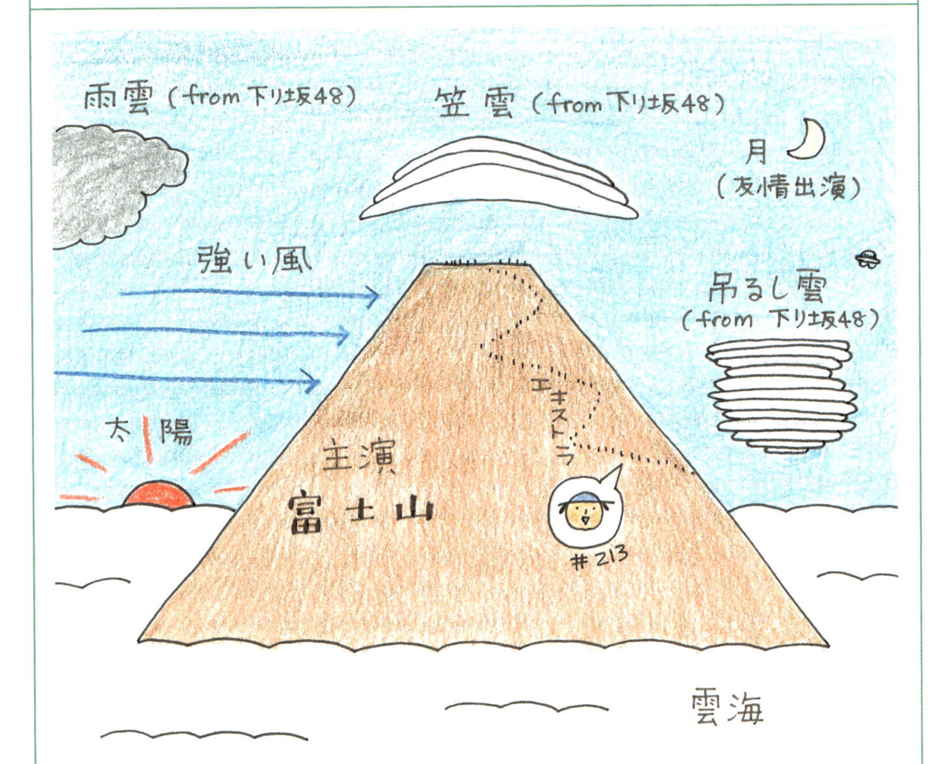

AREA
富士山

ACCESS
吉田ルート
富士急行線河口湖駅・富士山駅→富士急行バス1時間5分→「富士スバルライン五合目」下車

須走ルート
JR御殿場線御殿場駅・小田急小田原線新松田駅→富士急行バス1時間→「須走口五合目」下車

御殿場ルート
JR御殿場線御殿場駅→富士急行バス40分→「御殿場口新五合目」下車

富士宮ルート
JR東海道本線三島駅・東海道新幹線新富士駅→富士急行バス2時間25分→「富士宮口五合目」
＊山頂までは各登山口からさらに徒歩5～7時間

INFORMATION
一番人気の吉田ルートは常に登山者であふれているが、登山初心者同士で行くなら安心できるルートだ。富士登山はほかの山の登山と比べられない。早めに計画をしっかり立て、準備することが登頂率を上げるコツ。

COLUMN 1

いつも違うとこを見ているらしい

第2章

なぜ歩くのか

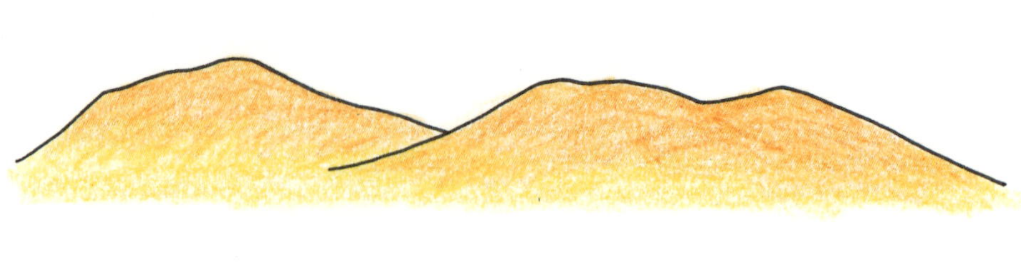

島は山頂だ

島といえば海をイメージするが、島は山である。山頂部が海面から飛び出している。船のようにプカプカ浮いている島はない。

そんなの当たり前過ぎて考えたことがなかった。いかに自分が目に見えているものしか見ていない人間なのかとガッカリした。目からウロコの気づきだ。そこから島を見る目が変わった。もう山にしか見えない。

その大発見をしたのは伊豆大島、三原山だった。伊豆大島は伊豆半島の沖合にある伊豆諸島の北端の島、いや火山だ。

伊豆、伊豆と連呼しているが「東京都」になる。東京・竹芝客船ターミナルからはフェリーで6時間（夜航なので海上での時間調整を含んでいる）、高速船なら1時間45分。さらに熱海からなら45分で上陸できる。私は休日前夜に竹芝を23時に出港するフェリーに乗り込み、休日を島で遊んでくるというのがお気に入り

だった（当時は「山」だと気づいていなかったので専ら海で過ごしていた）。

初めて登ったのはいつだったか、フリーペーパーの取材で訪れたときだった。現地のガイドさんについてもらい登山口からたった数分、見たことがない風景が飛び込んできた。ほぼ山頂まで車で登ってきたと信じていたのに、眼前に見下ろすは黒々とした溶岩を敷きつめた大きな穴、その中央にお茶碗をひっくり返した、というよりも巨大チョコババロアみたいな塊がデーン。まず島の中央部にこんな広々とした場所があったことにびっくり。さらにそこに山があるからまた驚いた。海からこの姿は思い描けない。

よく整備された道を歩いていく。いよいよ見えていた山の上に出た。そこに待っていたのは再びパックリと開いた穴。火口である。登ってきた標高差よりも深い穴を覗き込むのは不思議な経験だった。

ガイドさんの話だとこうだ。むかーし、むかーし、伊豆諸島はここから数百キロメートル南の海底の火山活動で生まれました。海の上に出ちゃうくらい体が大きくなった子もいました。やがて地殻変動が起こるとフィリピン海プレートに乗っかっていた火山たちはベルトコンベヤー式にドンブラコ、ドンブラコと北へ運

利島山頂
宮塚山

新島山頂
宮塚山
神津島山頂
天上山
大島山頂　三原山

ばれてきましたとさ。めでたし、めでたし（一部、脚色あり）。
なんてこった。実は前から日本地図を見て怪しんでいた。伊豆諸島がアヒルの親子みたいに連なっているのはオカシイと。私は興奮してガイドさんを質問攻め。分からないことを絵や模型で説明してもらうと理解しやすいものだが、ここでは実物大の本物で説明してもらえる。こんな贅沢な学びがあるだろうか。
「ほら、みきさん、手前から利島、新島、神津島……。」ガイドさんが指さす先にはポツン、ポツンと島々が海の上にある。「これ…どっかで見たことあるな……？ あ！ 山頂からの雲海だ！」またまた自分の思慮浅さにガッカリだ。「雲」を「海」に例えたから「雲海」であるからして、目の前のこれが元祖ジャン。「わ〜海の水を抜いて下界が見てみたい〜」。取材陣は引いていたが、ガイドさんのハートはゲット。これが鈴木史における「火山元年」である。ガイドさんとは今でも火山友達として色々教わっている。
日本には約430の有人島があるという。登れる島がいくつあるかは定かではないが、島を山とすればどんな島にも行ってみたい。船で8合、9合目まで行けるというのも魅力的ではないか。

大島　火山萌えマップ

AREA

大島 三原山

ACCESS

JR山手線・京浜東北線浜松町駅→
徒歩8分→竹芝桟橋→大型客船（夜航）6時間
または高速ジェット船1時間45分→
大島（元町港または岡田港）着→
大島バス「三原ライン」25分→
「三原山頂口」下車→
徒歩45分（山頂遊歩道経由）→三原山山頂
＊ジェット船は熱海港・久里浜から、
大型客船は横浜桟橋からも運航あり。

INFORMATION

島内の移動は路線バス、レンタバイク、レンタサイクルが便利だろう。路線バスで移動する場合は、事前にタイムスケジュールを決めていかないとロスタイムが多くなるので注意。ガイドツアーを頼むのも手だ。

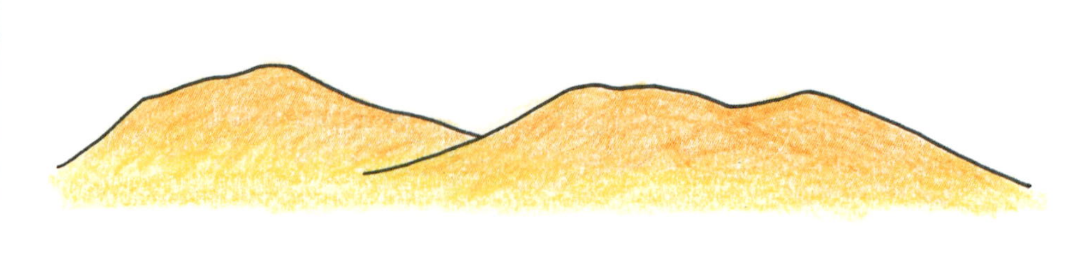

水の輪廻

水は大地の彫刻家といわれる。砂場で砂を詰めたバケツをひっくり返して、その上からジョウロで水をかけてみよう。水は砂山の表面を削り、山腹に筋を造ったり崩したりするだろう。このように山に尾根や谷があるのは水や雪の作用であることがほとんどだ。また山から流れ出た水は川になり平地の地形も造っていく。海の満ち引きや波も沿岸のかたちを造り続けている。「水がある」というのは地球の特徴だが、それゆえに地球はほかの惑星に比べて地形に富んでいる。

雨が山に降る。雨水は山を通過することによって濾過(ろか)され、山の栄養分をもらう。山の水はその山の土壌や地形、気候を反映する鏡のようなもの。

水の循環において、始まりを「雨」とする表現が多いように思うが、私は山から湧き出たときが水の誕生だと考えている。生まれてそのまま汚されないままに天に昇れる(水蒸気になる)者もいるだろう。しかし途中で用水になったり、汚

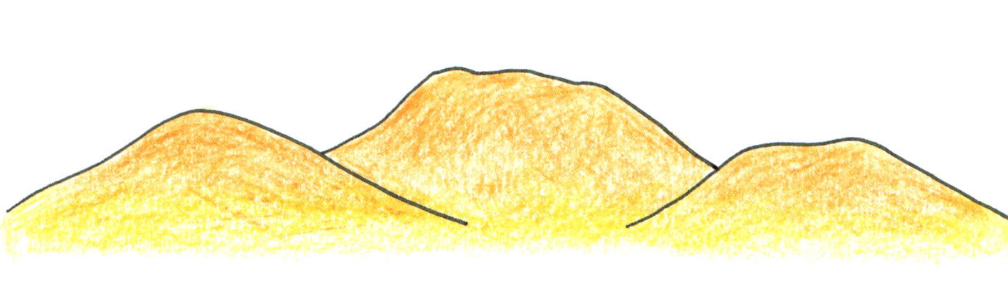

染をされたり、なにかを課せられて性格が変わる者も、3分の1とはいわないまでも多いと思う。どの段階で水蒸気になるかは分からないし、次にまた山の上に降る雨になるとは限らない。なかには何百年何千年も戸板に水が流れるがごとく、味気ない土壌に繰り返し降り続けるなんていう者が、山が削られ地面が舗装され続けている現代では普通になるかもしれない。水の循環はまるで仏教の輪廻みたいだ。

私たち人間に水は必要不可欠。日本には水を蓄えられる山が多くあり、海にも囲まれている。川の風景はどんな都市でも小さな町でも見かけられる。そのせいか水のある風景にホッとする人が多いようだ。私も砂漠での暮らしを想像するだけで緊張してしまう。登山でも飲み水の確保に気を使わなければならないが、山のどこかには水があるという気持ちの余裕がある。水分を含む樹木が傍らにあるだけでも安心感につながる。汗をかきながら歩いて行き、ザブザブ流れる沢水を見つけ喉を潤すのは最高だ。山が水を生み、水は山を育む。そして自分も水で育まれていると実感する。となると、私も水の輪廻に一枚かんでいるということになるわけだ。

水のりんね
輪廻
雲になる
蒸発する
川になる
海になる
人の生活に役立てられる

降る
森を育む
しみこむ
流れる
きれいにしてあげるわ♡
とおせんぼ
みがいてあげる♡
かわいがられる
スリスリ
うまれる
これ持ってけ
スカー
もらう
おやすみ
ねる
うめー
登山者ののどをうるおす

ところで、海外の山に行くと「飲める水」が少ないことをご存じだろうか？汚くて飲めないというよりも、「人間の飲料としてはイマイチ」なことが多い。おいしくないくらいならいいが、ひどい下痢や命が奪われるような感染症になることだってある。そういう山に行くときは飲料水をすべて担ぎ上げるか、煮沸ないし濾過ができる装備をしていかなければならない。どこでも水が飲めて、水筒ひとつぶら下げていく日本の登山とは大きな違いだ。

雨が山を通り過ぎる際に添加されるものは、鉱物、植物、動物（人間も含む）からによるものだが、それらすべてがなんらかの栄養分であっても人間の体に合うバランスとは限らない。海外に多い氷河の解け水や、透き通った水溜まりも見た目はきれいだが、まだ生まれ変わる前だ。ただ地元の人はへっちゃらで飲むことがある。お腹も壊さないという。万人に優しい水が得られる日本の山は恵まれているが、その分胃腸が甘やかされて弱いなんてことはないだろうか……。

ともあれ、水がおいしいというのは日本の誇りだと思う。飲める水があるのは、奇跡的な自然の合わせ技によるもの。山の多様性や健康が水に影響するのは確かだ。「次は日本の山に降りたい」と雨に望まれるような場所であってほしい。

磐梯山　おいしい清水マップ

AREA

磐梯山

ACCESS

JR磐越西線喜多方駅→
磐梯東都バス「裏磐梯ロイヤルホテル」行き
1時間10分→「裏磐梯高原駅」下車→
タクシー 10分→猫魔八方台→
徒歩2時間10分→磐梯山山頂

INFORMATION

公共交通機関を利用するなら裏磐梯方面から入山する。四季折々の彩りを楽しめる山なので季節を変えて何度でも訪れてほしい。道中は携帯トイレブースしかないので、山小屋で購入するか、携帯トイレを持参しよう。

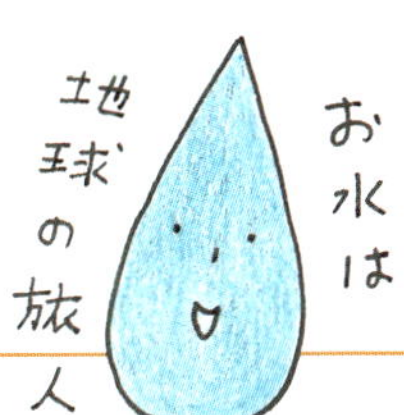

歩くルーツを探りましょう

登山は「登る」ことが主のような気がするが、「下る」ことも登山口までの「移動」も登山の要素であるからして、基本は「歩く」ことにある。

私は富士山のようにひとつの山頂、または北アルプスの岩稜を目指すことを「登山」、それ以外は「山登り」もしくは「山歩き」と表現するのがしっくりくる。言葉の雰囲気だけの違いだけど、なんとなく言い分けている。なかでもやはり「山歩き」は大切に使いたい単語だ。

人間は歩いて進化してきた。歩くのが好きだったのかはよく分からないが、長い距離を歩き回った動物だ。よりよく生きるために、獲物や食料を得るために、奪うため、与えるため、伝えるため……目的の変化はあれど長い間それが移動する唯一の手段だった。その頃とはまるで比べようもなく、現代の私たちは劇的に歩く時間も距離も短い。それは歩かないでも生きていけるからだ。歩かなくたっ

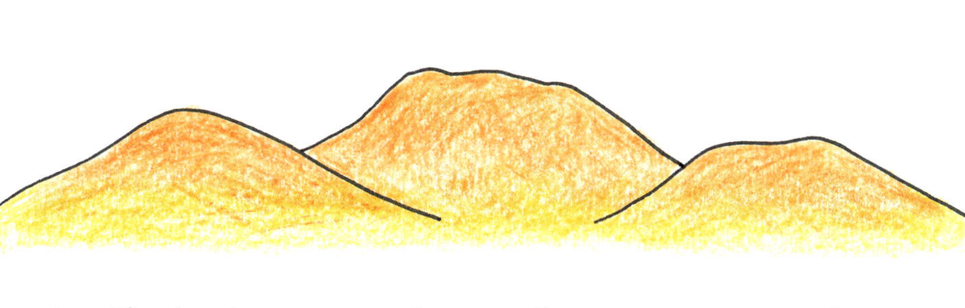

て死なないからだ。それなのに私たちはわざわざ「歩く」ために時間もお金も割く。これは思うに、人間の遺伝子レベルで「歩く」ことが組み込まれている。だから人間は歩かずにはいられないのだ。と思うのだ。

私は山を歩いていて、無意識に獲物を探してしまうなんてことはないが、仲間のなかには食べられるものをすぐ見つける人がいる。同じ道を一緒に歩いているのに見えているものが違うようだ。ほかにも動くものに敏感な人や足が速い人、重い荷物を背負うのがうまい人もいる。私はその人たちの才能と山に何を求めているかに、それぞれの歩かざるを得ないルーツが眠っているような気がする。じゃあ、私の歩くルーツってなんだろう？

数年前のことになるが、テレビで「鈴木」姓の発祥は和歌山県にあると言っていた。なんと「山伏」だったという。山岳信仰が盛んな時代に、修行のために山に籠もる者がいた一方で、布教のために全国へ赴き、その先で家族をつくり暮らし始めた者も多かった。これが津々浦々ありきたりで、つねに国内保有数上位に君臨する名字のワケだ。小さい頃からつまんねー名字だなとずっと思っていたが、にわかに自慢したくなった。自分にそんな血筋があるなんてこれっぽっちも聞い

勝手にみんなのルーツを勘ぐってみる

- 物音に敏感
- たまに急に立ち止まる
- そのときの真顔がやけに鋭い

勘ぐられるルーツ

狩人

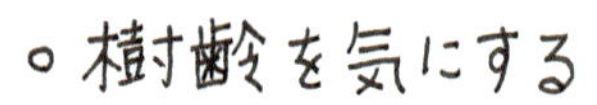

- 木を見上げてから谷側を見る流れ
- 物事を長期的に考えられる

勘ぐられるルーツ

木こり

- 意味を探りたがる
- 許容範囲広め
- 歩かないとソワソワする

勘ぐられるルーツ

山伏

- お花が好き
- お花に詳しい
- お花の写メすごい

勘ぐられるルーツ

虫

- 高いところにこだわる
- 登頂の思い出話が多い
- きれい好き

勘ぐられるルーツ

天狗

- 隠れたがる
- 後ろをよく振り返る
- プライベートはあまり語らない

勘ぐられるルーツ

追われ人

たことはないが、そういうことにしてほしい。取って付けたようだが心当たりはある。飲まず食わずでも人より歩けるほうだし、長く、ひとりで歩くのも性に合っている。いまの仕事だって布教だといえば近いではないか。なにより「山伏」と知ってこんなに喜んでいる。

おととし、初めて熊野古道を歩きに行った。あたかも里帰りでもするような期待をしていたが、当然のごとく懐かしいなんて思わなかった。しかしながら毎日の営みの中心が「歩く」ことになるのは気持ちがよかった。私は「歩いている」ときがいちばん私らしいと感じることが多々ある。そのときに泊まった那智大社近くの宿の女将さんが私の名字を見てこう言った。「鈴木さんって和歌山の人？本家、すぐそこよ」……それはまるで生き別れた実の両親がいたと告げられたような衝撃。「山伏だったってホントなんですか……？」「そうそうそう、いま呼んできてあげる」私は山伏の子……もうドラマのヒロインだ。

結局そのあと元祖鈴木さんにお会いすることは叶(かな)わなかったのだけど、テレビが本当だったことは確かめられた。もうどんな感じでもいいからどこかでは山伏と繋(つな)がっていると信じて歩いていこう。そうしよう。

熊野古道　ざっくりまるわかりマップ

AREA

熊野古道

ACCESS

JR紀勢本線紀伊田辺駅→龍神バス2時間15分→「発心門王子」下車→徒歩2時間30分→熊野本宮大社着

INFORMATION

アクセス、情報発信もいいとは決していえないので、計画は早めにしっかりと。コース上は登山道と舗装路が入り交じることが多い。軽めの歩きやすい靴を選ぼう。また宿が少ないので、予約を早めにしたほうがいい。

COLUMN

2

火星登山

第3章

山小屋あれこれ

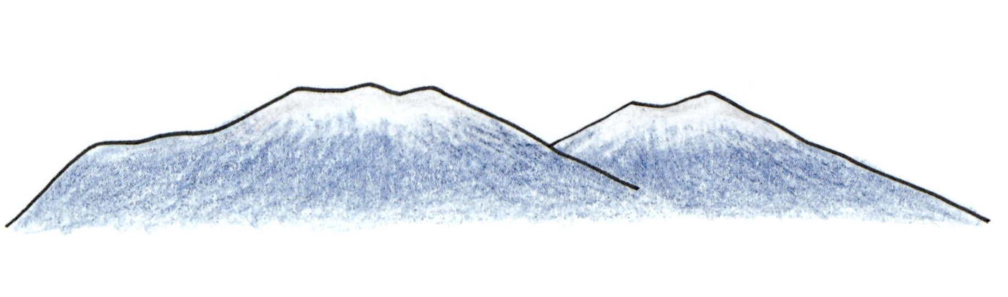

山小屋ごはん一考

山で食べるごはんが楽しみで山登りをしている人も多かろう。私は初めて訪れた北アルプスで湯を沸かして食べさせてもらったシーフードヌードルの味が忘れられない。ロープウェイに乗ってから1時間くらい登っただけだが、絶景を前に地べたに座って食べるということだけでも非日常で、山でシーフードという贅沢感もあった。もしかしたらそれで山にハマったのかもしれない。まあともかくそれ以来、私の山の勝負飯（？）はシーフードヌードルだ。

初めて食べた山小屋ごはんは奥多摩の三条(さんじょう)の湯だった。ほかの山小屋を知らなかったから、普通に麓の宿に泊まったような印象だった。お風呂があったのもあるだろうが、ごはんも遜色なくおいしかったからだと思う。あとで知ったことだが、お米は外のかまどで炊かれていて山菜なども摘んで出していたそうだ。最近はご主人の仕留めた鹿が出ることもあるとか。

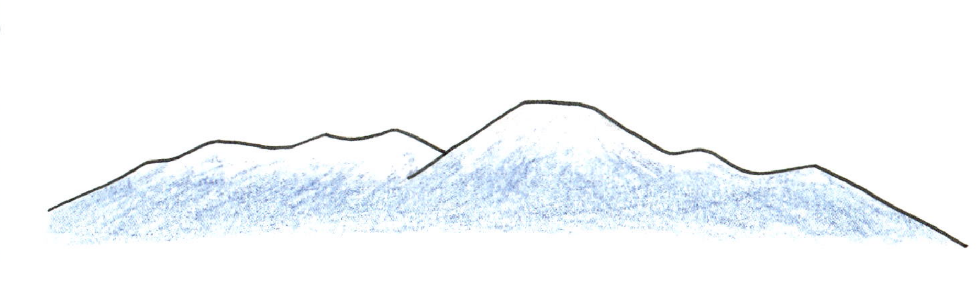

山小屋では一緒に歩いてきた仲間と食卓を囲んでワイワイと山の話をするのが楽しい。街で友人・知人に山の話をすれば「また始まった」という気配が漂うのに、ここではみんなが聞いてくれるうえに倍にして返してくれる。山小屋に泊まっていちばん幸せを感じるのはごはんの時間かもしれない。食べながら怒っている人って見かけない。

私は雑誌の仕事でたくさんの山小屋に泊まってたくさんのごはんを食べてきた。山小屋のアルバイトもしていたから作る側だったこともある。ここ何年かの山小屋ごはんは加速して豪華になった。ヘリ運搬や発電機、もしくは保存方法の発達によるものだろうか？ ジューシーな肉や魚、生野菜がお盆いっぱいに並ぶ。皿数も増えた。10年ほど前まではごはんに味噌汁に魚の甘露煮みたいな夕食もめずらしくなかったが、今は麓の宿以上の夕飯が出てくるのもザラ。山でおいしいものを食べられるのは誰だって嬉しいし、ありがたいなぁと心から思う。でも私は心配にもなる。経営が潤ってごはんに還元してくれているのかもしれないが、実際はどうなのだろう。ごはんを豪華にすれば経費がかかる以外にも、燃料もかかる、洗い物やゴミも増える、スタッフの労力もかかる。それに見合っているの

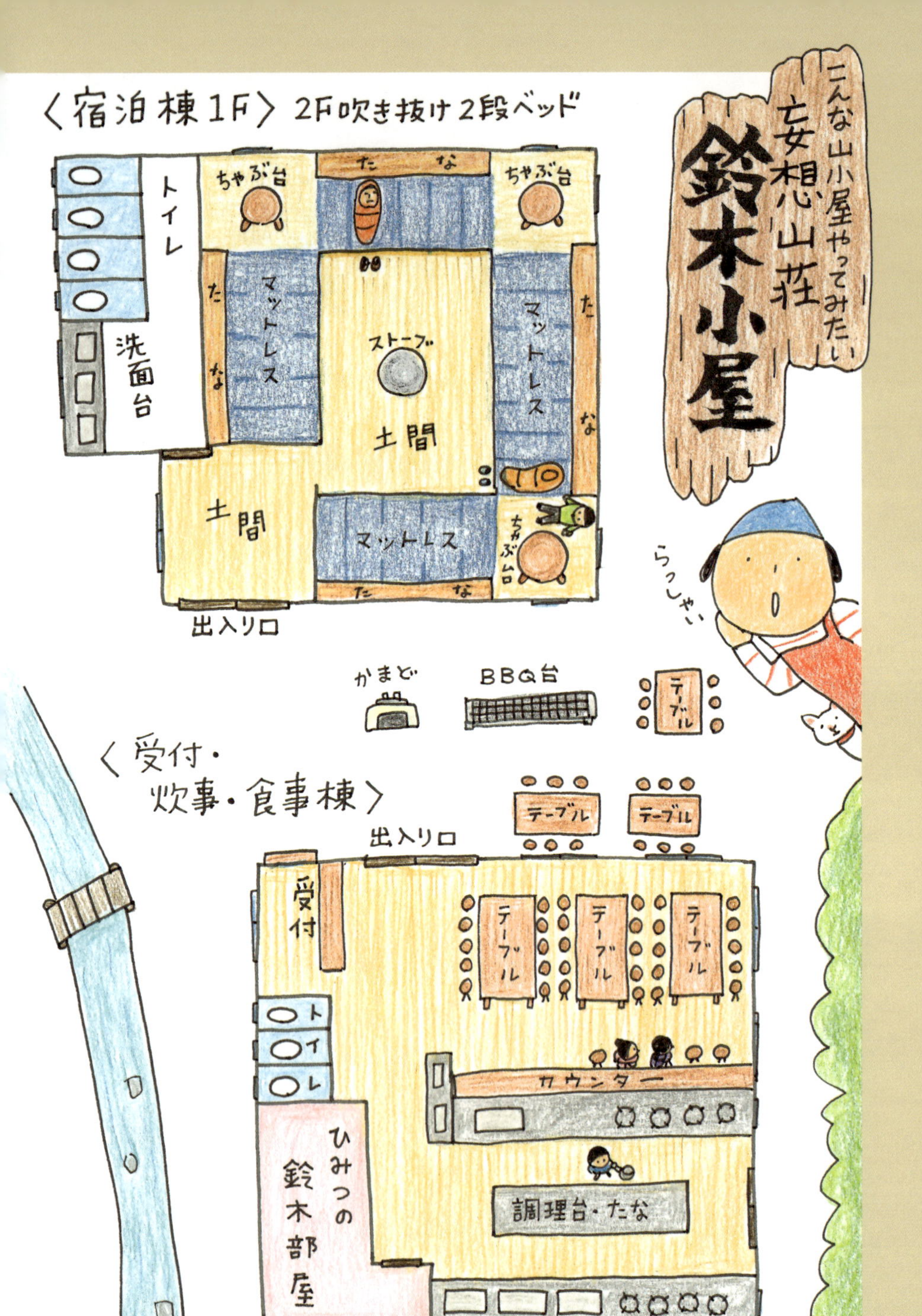
こんな山小屋やってみたい
妄想山荘
鈴木小屋
〈宿泊棟1F〉2F吹き抜け2段ベッド
トイレ
洗面台
ちゃぶ台
たな
ちゃぶ台
マットレス
マットレス
ストーブ
土間
たな
たな
土間
マットレス
たな
ちゃぶ台
出入り口
らっしゃい
かまど
BBQ台
テーブル
〈受付・炊事・食事棟〉
テーブル
テーブル
出入り口
受付
テーブル
テーブル
テーブル
トイレ
カウンター
ひみつの鈴木部屋
調理台・たな

鈴木小屋のごはんシステム

1泊1人1合(以上)の
白米を持ってきてね

忘れた人はプラス500円

お米は集めて炊きますが
おかずはなし!
各自で用意してください

水・鍋・食器・コンロはあります♪

腕の見せどころ! でもフリカケ
だっていいんだよ

毎日全国のブレンド米

炊けたら
お好きなときに
召し上がれ♡

朝食・昼弁当にもドーゾ

お酒、お菓子、
カップラーメンなどの
販売はしていません

登山口に商店あり
町値です

女将は
皆様の
ほどこしで
生きる

ボッカ・ヨロシク

こんな山荘
どうでしょう?

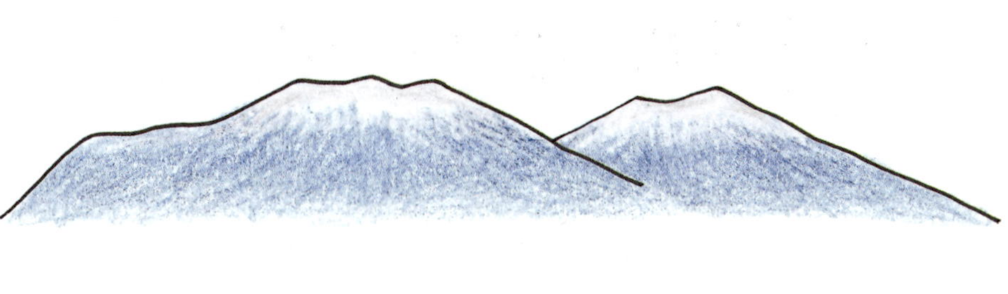

かなぁ。

山小屋の役割は登山者のサポートのほかに、山の美しさや厳しさを伝えることも担っていると思う。不便で限られた環境下に暮らす知恵や力は、いまとくに若い登山者が注目している部分だ。果たしてごはんの豪華化だけが、登山者の満足につながるだろうか。豪華にしたまま維持できるのだろうか。山小屋のサービスがよくなればなるほど、それが当たり前になった登山者はさらに求めてくるだろう。そしてそれができない小屋が悪いかのような評価を下す。山小屋はもうそろそろそれに応え続けてしまってはダメだと思う。登山者もダメになる。

山小屋には未来永劫そこにあってほしいと願っている。いつの時代もそこに泊まると分け隔てなく扱われ、懐かしさや安心を感じられる居場所を提供してほしい。街の忙しい生活を忘れて、立ち止まれるような。でもずっと山で働いていると、そんな登山者の思考にならないのも分かるけど。

「ごはん」はみんなを笑顔にする。お腹をすかせて歩いてきた登山者にはどんなものでもご馳走。山小屋ががんばって用意してくれたと伝わるものであれば、それが豪華である必要はそんなにないと思うんだよね。

三条の湯〜雲取山　東京にも山奥があったマップ

AREA

雲取山

ACCESS

JR青梅線奥多摩駅→
西東京バス「丹波」行き40分→
「お祭」下車→徒歩3時間→
三条の湯→徒歩3時間10分→雲取山山頂

INFORMATION

雲取山まで登る場合、危ないところは少ないが歩く距離や時間が長いので、早朝に出発できるようにすること。とくに日の短い秋〜冬は注意。初心者は無理せず、山小屋の温泉と静寂をゴールにするのもおすすめだ。

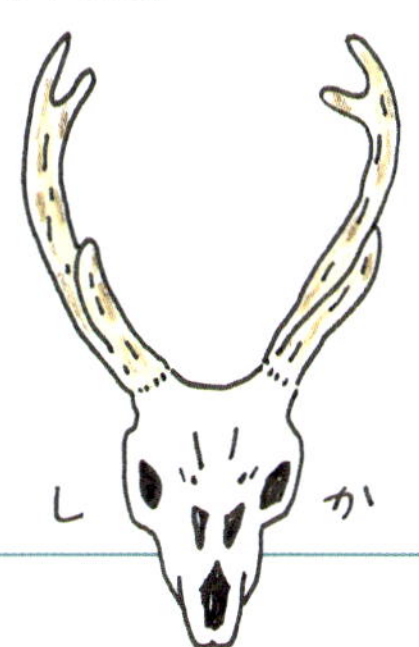

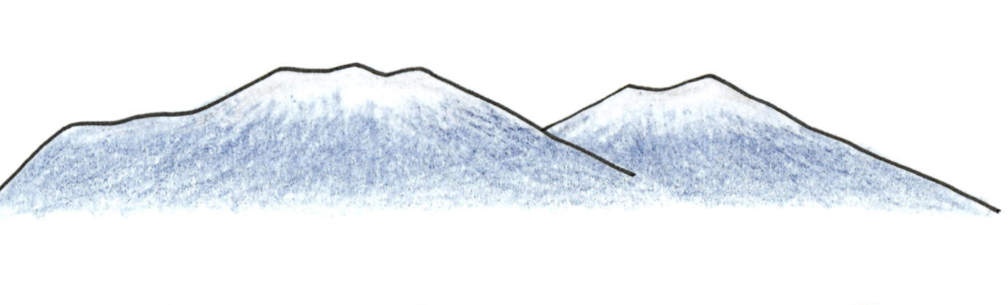

物件的山小屋

現在の山小屋が立っている場所は、もともと猟師や杣人（そまびと）の山での一時住まいであったり、山岳信仰の登拝者が泊まる宿坊があった場合が多い。その周辺をくまなく歩いたわけではないが、山小屋に行くと「ここしかないよな～」という立地に立っていて感心してしまう。その理由は以下のように分類される。

●恵まれた住環境

標高もそれほど高くなく、実がなる植物があり、沢が近い。平らな土地面積が十分にあり、水はけもよい。おまけに景色もよければさらに言うことなし。

これは単純に人間が「住める」場所であり、山好きなら「住んでみたい」好立地。水と食料、燃料となるものがあれば、工夫次第で通年で暮らすことも可能だ。山ならこんな条件が簡単にありそうに思うかもしれないが、そんなことはない。平坦地があれば湿原か窪地でジメジメしている場合が多いし、広いとなれば風通り

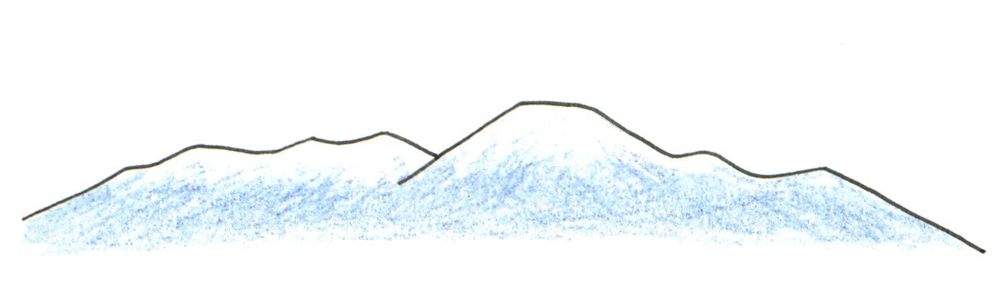

がよ過ぎる。沢に近くても谷地形のなかに建てると日照時間が短い。例えば湿原や湖の際の少し小高くなった木立なんてのが理想的だろうか。

●ちょうどいい距離

町や登山口から近くなく、遠くもない場所。もしくは目的地までの間で、そこにないとすごく困る場所。

山小屋にいるのに車の音が聞こえてくるのは興ざめだ。しかし山奥になればなるほど心細くなる。それは仙人にでも憧れがない限り、常駐している小屋番もそう感じるものだ。病気や急用があれば走って2時間以内で下山できるくらいがいい塩梅か。ロープウェイ山頂駅から1時間くらいで山奥なんて場所も憎い。

あとは不便な立地だがピンポイントにちょうどいい場所。それ以上遠くても手前でも、そこに山小屋がなければ登山自体が難しくなるなんてところ。きっと昔の山人もそういう場所だから中継地として小屋が必要だったのだろう。

●希少物件

おもに山頂直下に立つ山小屋。猫の額もないほどの岩の上にへばりつくようにある。強風必至、眺めは最高。

住環境に
恵まれた小屋
北アの雲ノ平山荘、
太郎平小屋、
尾瀬の小屋も
いいよねー
ヤッホー
ここにあって
よかった…小屋
立山↔薬師岳の
スゴ乗越小屋、
南アの熊ノ平小屋とか
たすかるよなぁ…
あ…
ありまりひた…

よく建てた！
ここに
小屋
槍～穂高の
小屋は
えらいと思う！
鈴木みきの
建もの探訪
これは
床にぽっかりと
開いた
地下世界の入り口
ですか？
ほう…
すてきだ
絶妙な
やっつけ補修
うーん
わかりました

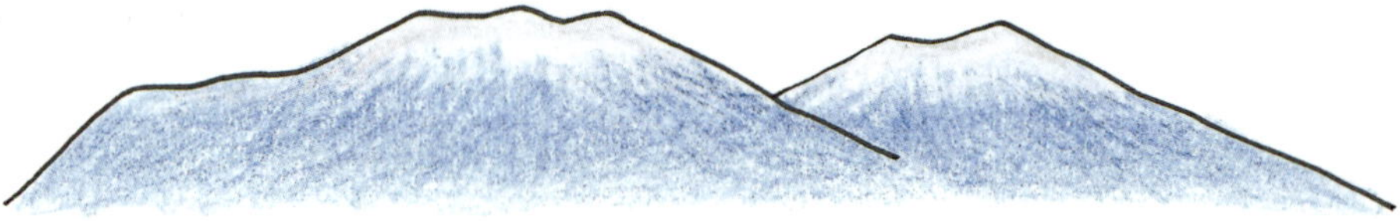

よくぞここに立てたね、と感心というより感嘆してしまう。はっきりいってどこにどうやって立っているのかよく分からない。基礎は山の霊力で保たれている気がする。こういう場所には測量か現代の登山者のために建てられた小屋が多いが、おそらく開山した者もそこでなにかしらしたと思う。留まれる場所がいくつもあるわけがない。「ベストオブここしかないよね～」だ。

急な斜度に建てるというのは相当な技術と苦労があったと思うが、よく見るとDIY感が漂う。山上という特別な環境下ではどうしても毎年どこかは壊れるもので、それを直し直し維持している。もっとも絶妙に修理できるのは長年働いている小屋番だ。不安がないわけではないが、こういう山小屋にはなにがあってもそこに立ち続けるという建物の執念がみられる。

いずれの理由に当てはまらないとしても、山小屋建築はおもしろい。平凡ではない。かといって意匠もない。とくに必要にかられて複雑怪奇に重ねた増築部分は「ここしかないよなぁ～」の賜物。不用意にトイレなんかに出歩こうものなら部屋に帰れない。山小屋は渋谷の東急ハンズやピラミッドのような迷宮だ。ぜひ探訪してみてほしい。

究極の立地・槍穂山小屋マップ

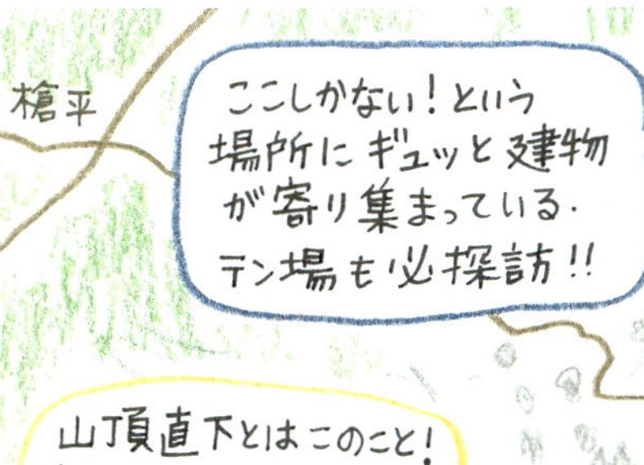

AREA

槍ヶ岳

ACCESS

アルピコ交通上高地線新島々駅→
アルピコ交通バス1時間5分→
「上高地バスターミナル」下車→
徒歩約10時間→槍ヶ岳山荘着
＊槍・穂高縦走は上級者向き

INFORMATION

日本アルプスを代表する山岳絶景エリアだが、屈指の難ルートでもある。近年、ヘルメット着用が推奨されている。初心者は岩稜歩きの経験を積んでから出かけるようにしよう。経験者も、もらい事故に注意してほしい。

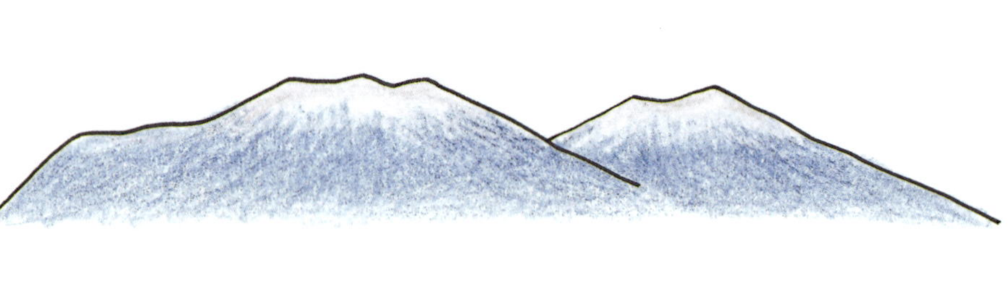

小屋番という人種

私が白馬の山小屋でアルバイトしていたのはもう15年以上前のこと。山の上に住んでみたくて応募した。山小屋バイトには山好きが集っていると思っていたので、山友達ができるのも楽しみだった。

小屋番を任されていたのは50代の女性と私と同年代の男性、あとは年下の男性ふたりのアルバイトがいた。このなかで登山歴があるのは小屋番の女性だけ。しかしとっくに辞めたという。あとの3人は山小屋から1時間以上遠くには行ったことがないと言った。私が山を好きだと言うと、「変わってんな」と失笑された。たまたまこの4人がそうなのだと望みは持っていたが、真夏の繁忙期にやって来た大学生たちも、翌年もその翌年も山が好きなアルバイトは現れなかった。そのおかげで私はしょっちゅう山に行かせてもらった。誰も出かけないからだ。しかしなんとも不可解である。なんで山小屋バイトに来たのだろう?

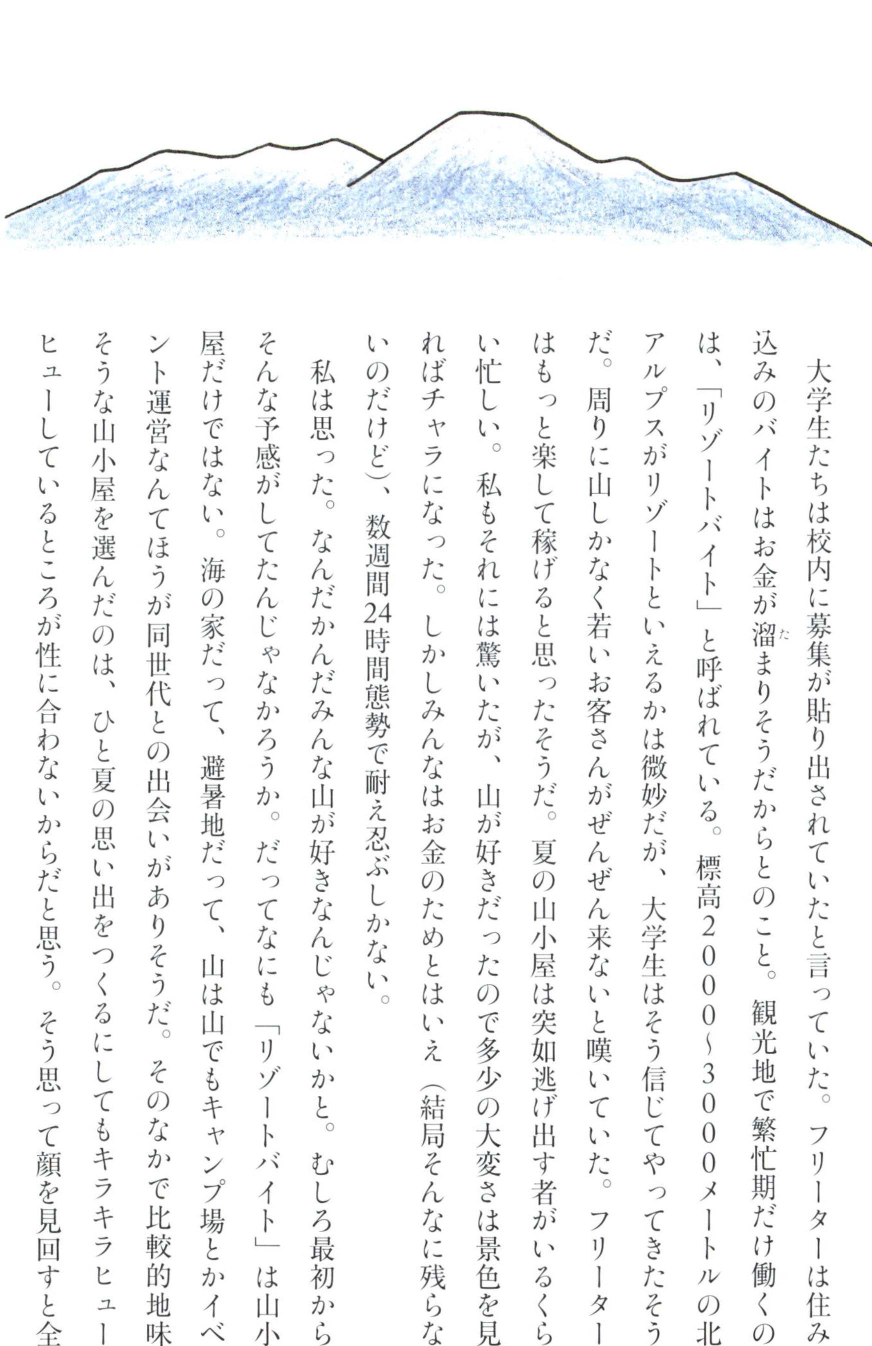

大学生たちは校内に募集が貼り出されていたと言っていた。フリーターは住み込みのバイトはお金が溜まりそうだからとのこと。観光地で繁忙期だけ働くのは、「リゾートバイト」と呼ばれている。標高2000〜3000メートルの北アルプスがリゾートといえるかは微妙だが、大学生はそう信じてやってきたそうだ。周りに山しかなく若いお客さんがぜんぜん来ないと嘆いていた。フリーターはもっと楽して稼げると思ったそうだ。夏の山小屋は突如逃げ出す者がいるくらい忙しい。私もそれには驚いたが、山が好きだったので多少の大変さは景色を見ればチャラになった。しかしみんなはお金のためとはいえ（結局そんなに残らないのだけど）、数週間24時間態勢で耐え忍ぶしかない。

私は思った。なんだかんだみんな山が好きなんじゃないかと。むしろ最初からそんな予感がしてたんじゃなかろうか。だってなにも「リゾートバイト」は山小屋だけではない。海の家だって、避暑地だって、山は山でもキャンプ場とかイベント運営なんてほうが同世代との出会いがありそうだ。そのなかで比較的地味そうな山小屋を選んだのは、ひと夏の思い出をつくるにしてもキラキラヒューヒューしているところが性に合わないからだと思う。そう思って顔を見回すと全

山小屋の中に いかにもいそうな

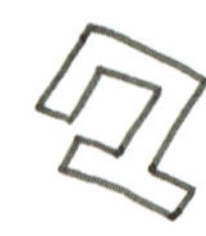

人生一度きりっすよ
いまどきめずらしい昭和ヤンキーマンガ臭
えりあし長め
おちょぼぐち
顔にキズ
なにかお守り的アクセつけてる
薄着
実家にチワワ
人生語るとうっとうしい
短すぎるソックスとクロックスまがい
りんご食います?
おとなしいけど言い方キツイ
誰にも言わないがバイトにきて7kg太った
よくサボる
果物切ってくれる
一人称は「ボク」
笑い方ヘン
手編みニット帽
私なんて…
首、手首、足首はしっかり防寒
仕事すごいできる!
おしゃれでかわいいのに自信がなくてやっかい
人には言えない恋愛中
有名私立大卒
タイツは2枚
受付か売店をまかされている
本物のクロックス

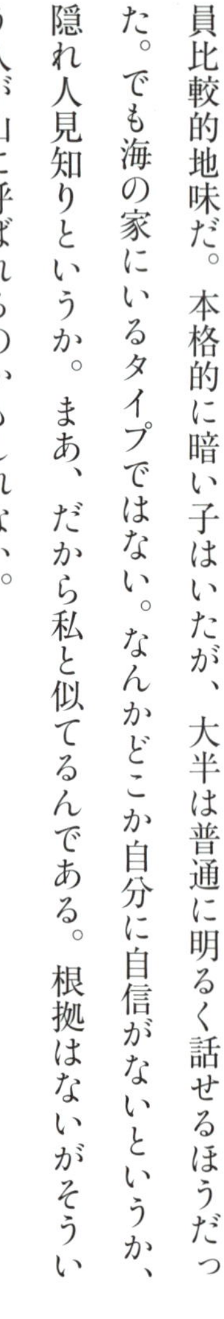

員比較的地味だ。本格的に暗い子はいたが、大半は普通に明るく話せるほうだった。でも海の家にいるタイプではない。なんかどこか自分に自信がないというか、隠れ人見知りというか。まあ、だから私と似てるんである。根拠はないがそういう人が山に呼ばれるのかもしれない。

長期でいる小屋番だってそうだ。だいたいはコミュニケーションがうまくない。無愛想でも怒っても接客がまかり通るのは小屋番くらいではないだろうか？ ほかの小屋にはイキイキしている方もいるが、うちの小屋番なんて、ひとりは１日１回以上お客さんを怒鳴っていたし、もうひとりはお客さんからの問いかけに無言で対応していた。無論評判は劣悪だったが、見えないところではお客さんのためによく働いていた。山を見る目も登山者に対しての責任感も我々の比にならないほど慈愛に満ちていた。ただそれは一期一会のお客さんには伝わらない。そのへんが不器用というか正直というか。愛すべき個性とでもしておこうか。

「オレはな、山を愛してっから登んねぇんだよ」これは小屋から出かけない小屋番を非難したときのイイワケだ。今となってはちょっと響く。登る行為だけが好きの証しではない。

かつてのバイト先 八方池山荘マップ

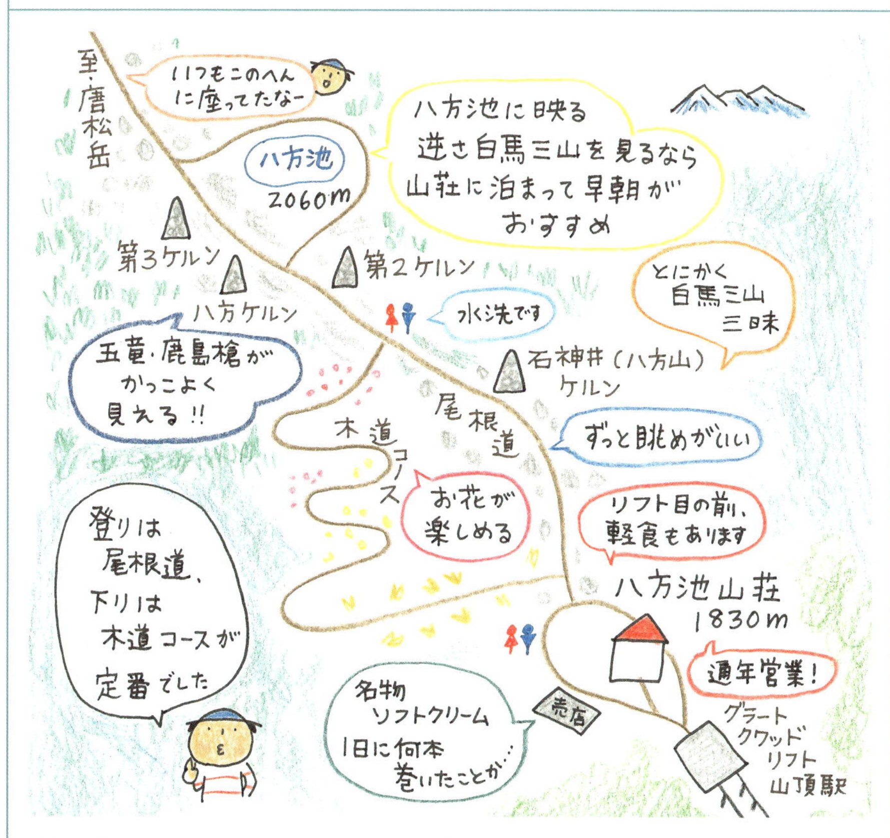

AREA

白馬八方池

ACCESS

JR大糸線白馬駅→アルピコ交通バス5分→
「白馬八方」下車→徒歩10分→
八方アルペンライン八方駅→
八方ゴンドラリフト、アルペンクワッドリフト、
グラートクワッドリフト40分→八方池山荘着

INFORMATION

八方池までは遊歩道が整備されていて歩きやすい。経験者ならそこからもう少し登ってみてはどうだろう。始発のゴンドラに乗れば唐松岳往復も可能だ。なにしろこのコースは景色がウリなので天気のいい日にどうぞ。

COLUMN 3
伝染

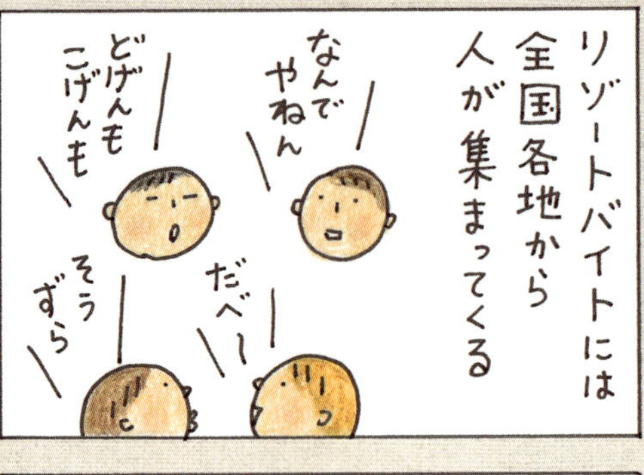
リゾートバイトには全国各地から人が集まってくる
なんでやねん
どげんもこげんも
だべ〜
そうずら
みんながみんなの方言になんとなくひっぱられる毎日
あかんジャン？
なまらすごか

シーズンが終わるころにはそれも定着してしまい――
バイバイ
元気でな
また会おう

地元に戻ると家族、友人ともに総ツッコミをうける
なんて言ったの？
なまってるよ？
エ？

journey★

第4章

山スタイル

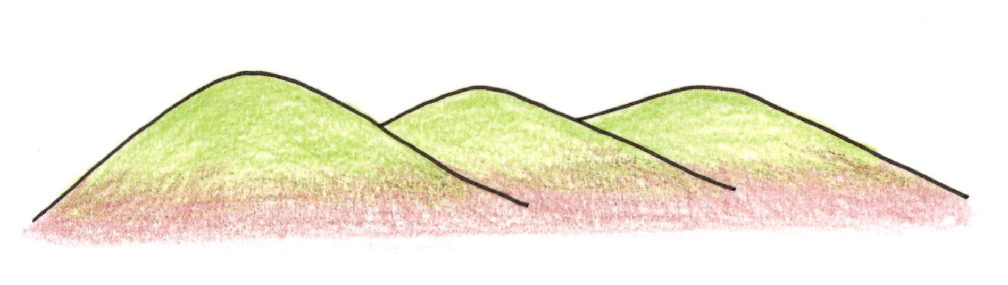

どこでも家。それがテント

色とりどりのテントがひしめき合うテン場を見ると「夏だな〜」と思う。仕事だと山小屋泊がほとんどだが、そうでなければテント泊が多い。最初は宿泊費節約のためにと始めたが、準備や労力を考えると山小屋泊のほうが安上がりと感じることもある。それでもテントを選んでしまうのは結局おもしろいからだ。

テント泊の最大のよさは煩わしくないことだと思う。荷物が増えてぇ、自炊してぇ、テント立てたりしまったりぃ……経験したことがなければ、山小屋泊に比べて煩わしいことが増えるように思うだろう。実際ザックもまあまあ重い。でも必要なものが全部背中に揃っていることで、多少のことで焦らない。何時までに到着しなくちゃとか、あそこまで歩かないとヤバい、なんていう煩わしい呪縛からは解放されるのだ。だってどこでも家にすることができるから。もちろん計画通りに目的地に到着することを目指している。しかし、この余裕があるというの

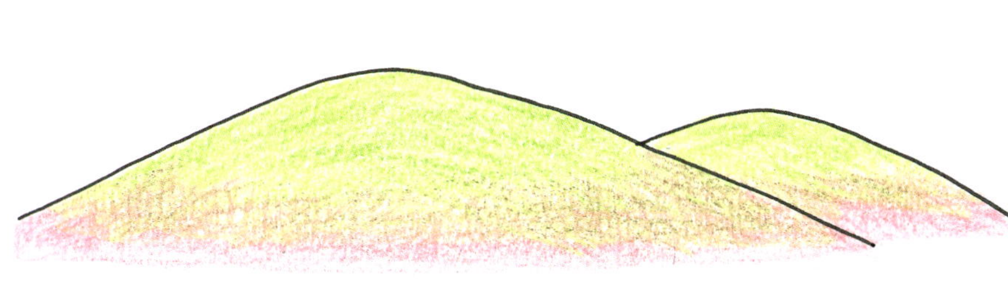

がいい。大きなザックでヒィヒィ汗だくで苦しそうに歩いていると、「大変ですね〜」「大丈夫ですか〜？」なんて言われることがあるが、心では「アタシ、どこでも張れますから。アナタより自由ですから」てなもんである。

山小屋が煩わしいというわけではないが、私だって気分的な波で人と関わらず歩きたいときもある。登山口から下山まで誰とも口をきかないこともある（その反動で下山後に知らない人に話しかけてしまう傾向にあるが）。時にテントという殻に閉じこもってみるのもわるくない。それをSNSにもあげないというのもおすすめだ。誰にも言わず、「いいね！」もされないと自分でも本当に行ってきたのか不安になるから不思議なものだ。人知れぬ風のような内緒をつくるのにテント泊はうってつけといえる。

そしてありがたいことではあるが、山小屋泊だと声をかけられることがある。実は一応少しはそんなことがあるかもとお行儀よく努めているが、そうして期待している自分がまず煩わしい。そんな自意識高めのときはテントがいい。テント場では、もし私だと気づいた人がいたとしてもむやみに声がかかることはない。テントがお互いのスペースを保っていてくれる（あ、本のファンの方がひとりふ

ひとりテントのたのしみ

本のアイデアなんかも考えたりするよ
呑みながらひたすらに日記を書く

次はここもいいなー
呑みながら心ゆくまで地図を眺める

テントの天井をただ見つめる

なかまテントのたのしみ

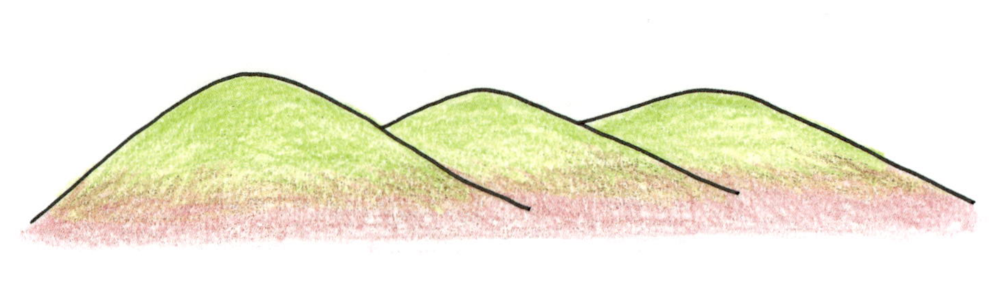

たりコッソリ話しかけてくれるのは嬉しいですよ)。たまに困るのが小屋番が夕食時に、どういうつもりか急に大々的に私を紹介し始めたとき。「ワー♪」って喜んでもらえたらまだいいけど、大抵ならない。生き恥よ。

さて話を戻して、仲間と行くテント泊というのも面白い。いちばん楽しい山行ではないだろうか。ひとりテントは孤独を楽しむようなところがあるが、仲間テントは内輪ウケをどれだけ生み出せるかに充実度がかかっている。なんなら隣のテントで聞いている人も笑わせたい。私の仲間は登頂より笑いの高みを目指してるところがあるので毎回かなり腹筋が鍛えられる。

山に一緒に行くだけで前より近しい人になる。山小屋に泊まればもっとその人のことを知れる。それがテント泊となると、さらに突き抜けた絆が生まれる気がする。距離感はもしかしたら逆に遠くなるかもしれない。それは尊重とわがままが混じり合ったいい距離で、煩わしさはまったくなくなる。

しかし、山というあんなに大きな空間に、あんなに薄っぺらい布で小さな密室を築いて、ひとりの宇宙をつくって、猥雑(わいざつ)な部室にして。それをわざわざ歩いて担ぎ上げるんだから人間って煩わしいですなぁ……。

槍ヶ岳を眺めるテン場マップ

AREA

北アルプス表銀座

ACCESS

燕岳

JR大糸線穂高駅→
中房温泉行き定期バス55分→
「中房温泉」下車→徒歩3時間30分→合戦小屋→
徒歩1時間→燕山荘着

蝶ヶ岳

上高地→徒歩6時間30分（徳沢経由）→
蝶ヶ岳ヒュッテ着

INFORMATION

どこの山頂も景色がいいので、縦走に自信がなければ、どれかひとつの山頂を目指すのもいい。しかし経験者にはやはり縦走がおすすめだ。山小屋泊でも槍穂の山並みと寝起きし、並走するのは夢心地の経験になるだろう。

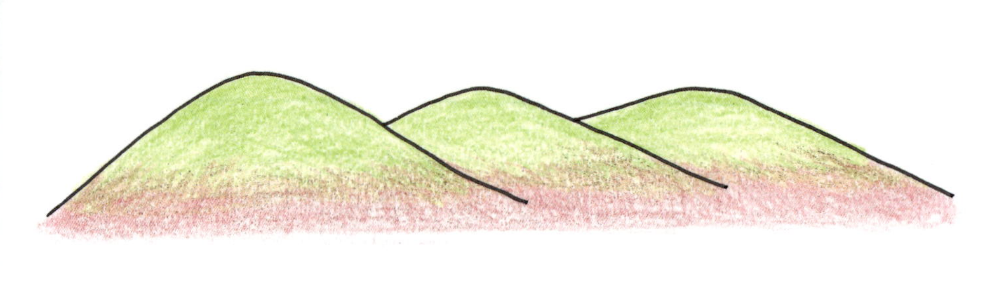

断捨離　山道具

こういう山の仕事をしている割には道具が少ないほうだと思う。しかし昨年末に8年ぶりに引っ越しをすることになり、すべての山道具を広げる機会があった。収納スペースが8年前と変わっていないので、そんなに増えていないと思い込んでいたが、違う場所に大きなダンボール箱ふたつ？　あれ、別の部屋にも？

いつのまにやら私の山道具はさりげなく拡張して膨張し、家のいたるところを侵略していた。それは新しい物が増えただけでなく、昔の物が溜まっているという感じ。もう絶対に持って行かなそうな豆球のヘッドライト、修理に出すつもりだったガスバーナー、米を炊いてボコボコに変形したチタンコッヘル、まな板に使えそうだと取っておいた板キレ、あんなに長い賞味期限すら過ぎたアルファ米、いまどきビル清掃の人も持ってなさそうなバカ重いカラビナ、ダッサい登山パンツ、カビ臭い初めての登山靴に大型ザック、柄の折れたサングラス、穴の開いた

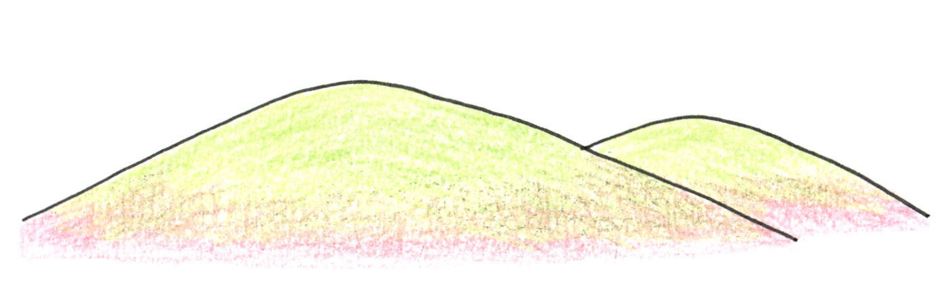

エアマット……嗚呼(ああ)、挙げていたらキリがない。
使えるならまだしも、機能しないものもあるのだから増えていくのは当然である。だが捨てられなかった言い訳もある。「思い入れがある」ある？ あるか？ 雑に押し込まれていたのに？ いや、他の言い訳もしたい。「なにゴミか分からなかった」……うーん、それはホントだが8年も調べなかったか？ どうやら私は捨てられないオンナ？ つまりはアレだ。ケチくさいだけ！ アハ！
ここで開き直ってもしょうがない。この機会に使えないものは捨てることにした。使えるがもう使わなそうなのは人にあげて、断られたら捨てた。それでも何となく捨てたくないものは箱に詰めて実家に送った（多分ぜったい開けることもなさそうだけど）。そしたら、何ということでしょう。何にもなくなってしまった。「何にも」は言い過ぎだが、いつもザックに入っているレギュラーメンバーしか残らなかった。ザックと登山靴、ウェア類を除けばどの道具も用途によってひと組だけ。これでも登山に行けるのに、山道具はなぜ増えるのか……。
山道具は軽量コンパクトのなかに機能性も盛り込んでいるから値段が高い。そうそう気軽に買えないから、壊れるまで使う誓いを立てる。しかしこれがなかな

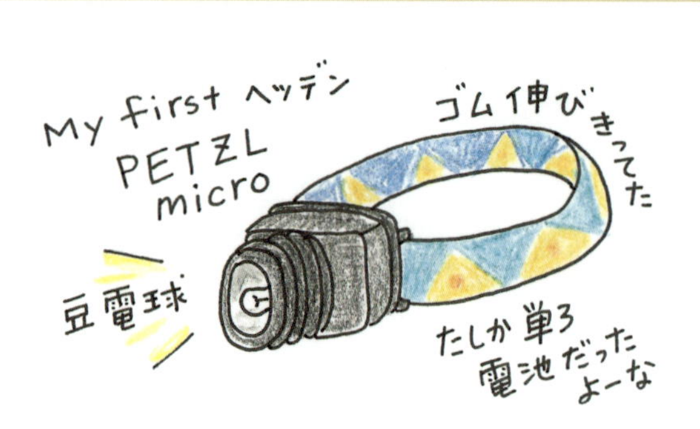

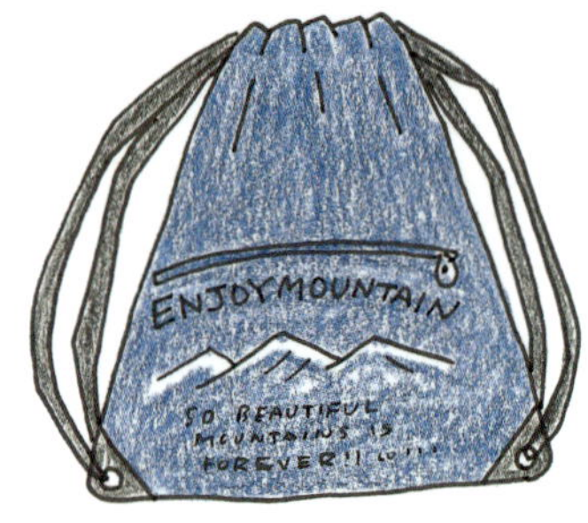

ナイロン
ナップサック

山の先輩にゆずって
もらったけど、古さが
レトロかっこよくはならなかった

内側のフィルムがメロメロにはがれたザック

重すぎるカラビナ

ただの鉄

あとちょっと残ってる
ガス

底のすりきれた
クライミング
シューズ

登ったらキケン

賞味期限切れの
外国で購入した
フリーズドライフード

もったいなくて
食べなかった…
もったいない…

賞味期限切れの
アルファ米

白米をコッヘル炊飯する
ようになってから食べなく
なったもよう…

お弁当とかに
ついていた
大きめのスプーン
フォーク

いつか使えるかと…

海で拾った板

20cmくらい

軽いし
調理台にいいかな〜と…

穴のあいたエアマット

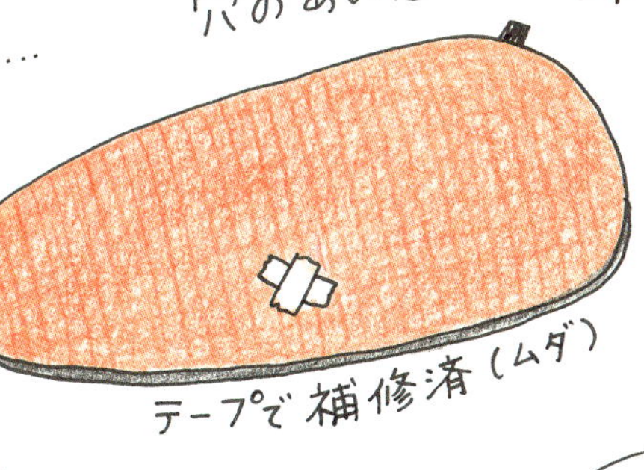

テープで補修済（ムダ）

肥やしてるけど
処分見送り

自分のイラストが
採用されたTシャツ

10年以上前の
山と高原地図

靴屋みたいにある
登山靴

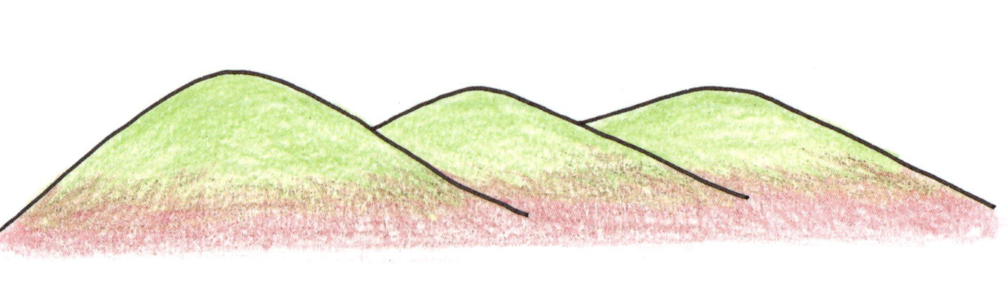

か壊れない。その間に好みのデザインを見つけたり、新しい機能が追加されたりしてしまう。同じ用途のものを買う必要はないが、脳裏に「この（サイズ）（色）（スペック）は持ってないな……」と名目が浮かぶ。店内を徘徊（はいかい）した挙げ句、それをカゴに入れたら最後、レジに行く段にはアルファ米がいくつかと、Tシャツの1枚くらいはさりげなく入っている。

壊れた山道具を新調する場合は、せっかくだから前回と同じ物ではなく少しスペックを上げたり毛色を変えたい。そうするとなぜか壊れたほうにも価値が出てきてしまう。「これはこれで直せば使える……」と捨てるのを保留。

そろそろ寿命がきそうだから買っておこうかな？になると、そこまで長く使った山道具に博物学的価値があるような気がしてきてしまい保管してしまう。「いつか孫にみせてやろう……」（結婚が先だが）。

私はこんな言い訳を繰り返して物を溜め込んできた。なぜか買い物に罪悪感がつきまとうのだ。もし、「これいい！欲しい！」「捨てたくないからとっておこう！」と素直に思えたら、買い物はもっと楽しいのに……。あ、そうか、今年はそれを練習するいいチャンスでは。そうよ、堂々と山道具を買おう。

神保町　山道具屋縦走マップ

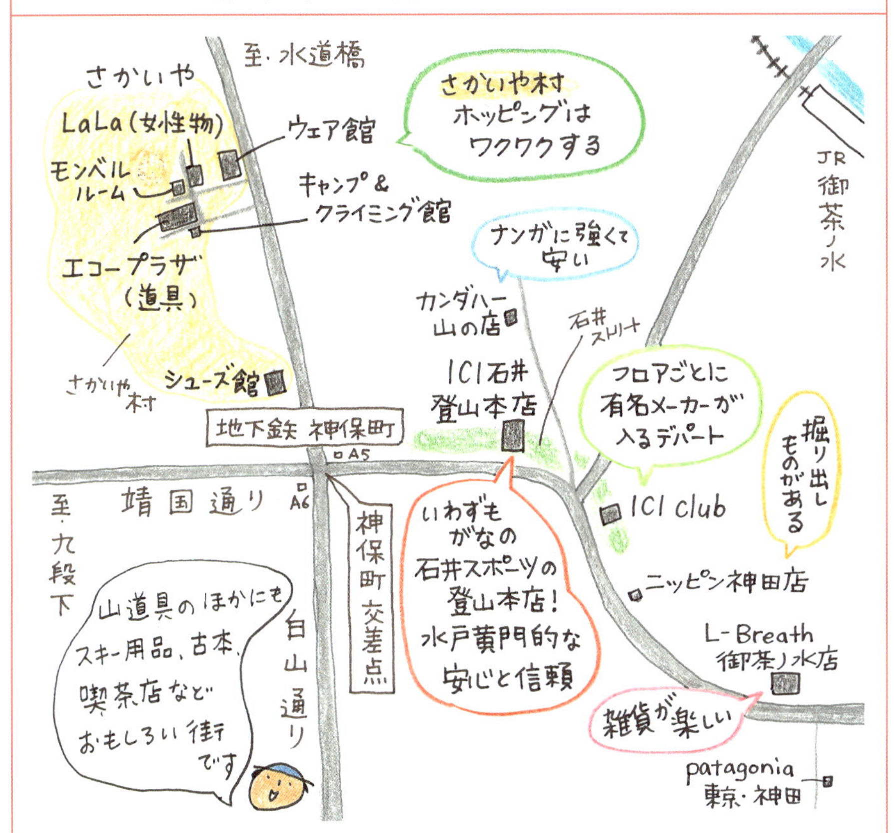

AREA
神保町

ACCESS
JR・地下鉄東京駅→
地下鉄丸ノ内線1分→大手町駅→
半蔵門線10分→地下鉄神保町駅着

INFORMATION
どこの店の入り口も若干分かりにくいのも神保町らしさ、路地を迷いながらまた違ういい店が見つかるのも楽しい。いくつもあるカレー店も名物なのでランチにいかがか。予算オーバーは自己責任でお願いしたい。

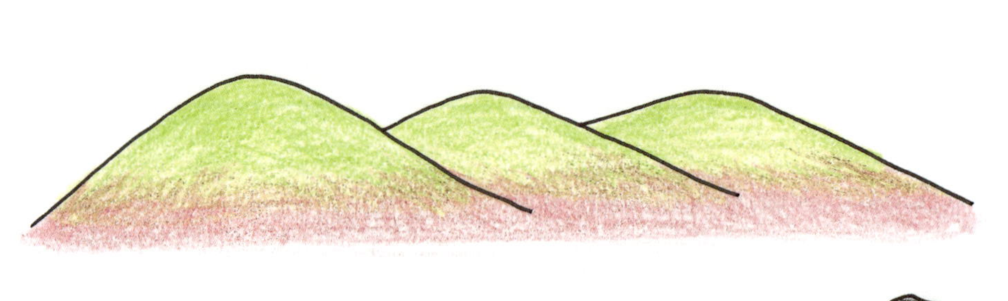

おしゃれと山ヤのあいだには

東京は坂が多い。坂が多いということは山が多いということ。坂も登りっぱなしってわけにはいかないから下りも多く、谷もある。渋谷のスクランブル交差点を思い浮かべれば分かりやすい。地名にもはっきり残されているが、交差点から放射状に宮益坂、道玄坂、公園通り、金王坂……等々が堂々と登っていっている。あそこは谷も谷、谷底である。渋谷育ちの母がいうには、小さい頃は雨の日にしょっちゅう池になっていたそうだ。最近でもゲリラ豪雨で水溜まりになっているのをニュースで見かける。しかし現在、地下に貯水設備を建設中とのことなので、そんな光景も見られなくなる日は近い。

都内ではなるべく徒歩移動するよう心がけている。だからこれまでも起伏を足で感じてきたが、急坂より、じみ〜にユル〜く登っている坂のほうがしんどい。街は舗装されている分、斜度が直線的。そのせいでランニングマシンに乗ってト

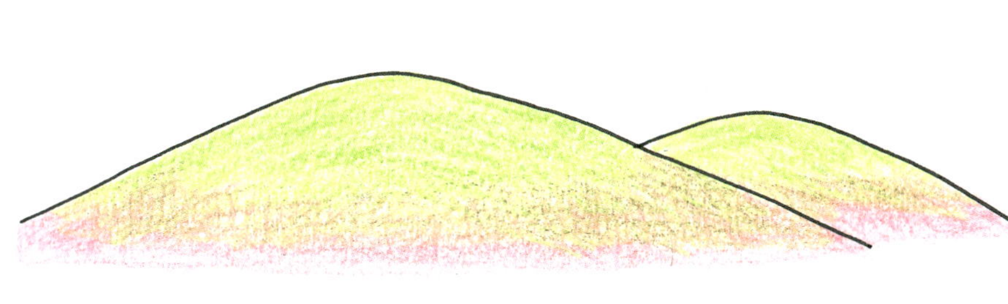

レーニングしてるみたいな気分になる。

しかしながら東京の人は通勤通学でもよく歩き、駅の階段などで鍛えられているからか歩くペースも速い。か細い脚の巻き髪女子たちも、坂道を当たり前のようにお喋り(しゃべ)しながら息も切らさず登っていく。日常的過ぎて坂だと感じていない可能性が高い。山を嗜(たしな)んでいる者として負けてはいられない。謎のプライドで抜かそうと試みるが、抜かせない。こちらはなに食わぬ顔を装いつつも、鼻の穴120％増大させたうえで酸欠気味だというのに、あちらは依然としてお喋りに花を咲かせている。おかげで山好きオバちゃんは都会の真ん中で乳酸溜まっちゃったよ？ 彼女たちを山にスカウトしたいくらいだ。

メジャーな都会山だと「青山」「代官山」「浜田山」「御殿山」などが挙げられる。どこもセレブリティな街である。江戸の昔から眺めのよい小高い土地は身分の高い人の住む一等地だった。車もない時代に山の上なんて、坂の登り下りが生活に不便ではないかと思うかもしれないが、家主は出かけなくてもよい。周りの者が登ったり下ったりしてくれるから大丈夫なのじゃ。おぬし庶民よの。その名残か東京では生活に不便な場所のほうが地価が高いことがある。

City Mountain Boy

ORDINARY
Mountain Mix Boy

アークテリクスのArro
このザックを背負ってる人よく見かけるな！
ヘンテコなとこにカラビナがついている率高め
ニット帽
薄着の上にゴアZレイヤーJKT
手には割れたiPhone
デニム短めにロールアップしての素足のぞく
ミサンガいる
ごつめの薄汚れた白スニーカー
Mountain Mountain (YAMAYA) Boy
裏地が別布山ハット
雨ブタ付きウエストハーネス付き派手色ザック
都会でソワソワ汗だく
毛玉フリースJKT
ベージュの山カーゴストレートフルレングス

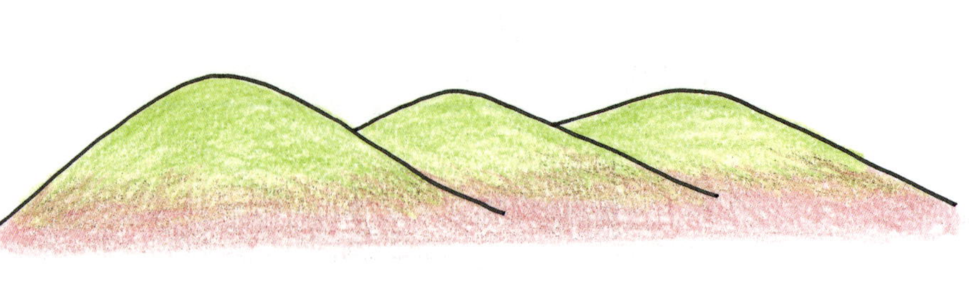

このなかで「青山」「代官山」は23区内でもっとも山を感じられるかもしれない。この屈指のオシャレエリアでは、アウトドアブランドをうまく取り入れたファッションピーポーの姿をよく見かける。だからといって、私も、なんて全身手持ちの山ウェアで出かけたら痛い目にあう。彼らが着ているのはこちらが羨むほどのハイスペックモデルや神保町では取り扱いのない別注モデル。そんなんどこに売ってんの？　この山には山ヤだと逆に辿り着けない店がある。

23区最高峰は港区にある「愛宕山」、標高26メートル。山頂には愛宕神社、江戸の町を守る防火の神様が祀られている。26メートルと侮るなかれ、境内に突き上げる通称「出世の石段」は日本アルプス三大急登のひとつ燕岳の合戦尾根よりも急だ。先日久しぶりに登ったら後半は目眩いに襲われる寸前だった。あんなところを転げ落ちたら命はない。危険な登山であることを認識して挑んでほしい。もし石段を前に自信が失せたら、すぐ隣にある緩やかな女坂を登るか、左手に回り込むと愛宕トンネル横にエレベーターもある。裏手にある神谷町に抜ける階段も、風情はないが愛宕山の崖地を味わうにはおすすめだ。ちなみに山頂には三等三角点が隠れている。弁財天さんの近く。探してみてね。

23区最高峰　愛宕山マップ

AREA

愛宕山

ACCESS

東京駅→地下鉄丸ノ内線4分→
霞ヶ関駅→日比谷線10分→
地下鉄神谷町駅→徒歩5分→愛宕神社着

INFORMATION

山頂は狭くゆっくりできるスペースもないが、一時喧騒を忘れられる都会のなかのオアシス。隣接するNHK放送博物館もなかなか面白い。東京タワー、虎ノ門ヒルズも近いので寄り道してみてはどうだろう。

COLUMN

4

触るなキケン

人のザックにぶらさがっている物が気になって触りたくなる

第5章

こころもよう

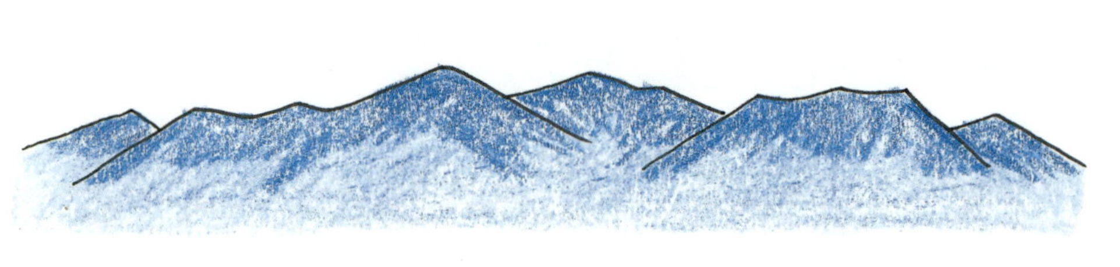

登山前後

山に行く前日は期待と不安が交互にやってくる。単独行のときはだいたい不安のほうが優勢で、行くのやめようかなと何度か思う。でも行ってきて下山したときのことを想像して思い留まる。登山中のことではなく下山後。そこには自分がここ最近見せたことない顔をしているのが見える。いま部屋でザックの中身を出したり入れたり落ち着きのない私とは別人のような自分が。そうすると、ああ、早くそこに辿(たど)り着きたいと思う。その顔をしている自分に戻りたいって。登る前から下山したいだなんて可笑(おか)しいけど、登山する人ならきっと分かるよね？

そんな前日からのひとりごと……。

早朝アラームが鳴る。もうなんとなく鳴りそうな気がしてた。あんまり眠れなかった。いつもそう。朝が苦手なのかな。いや、慣れない早起きに緊張しちゃう

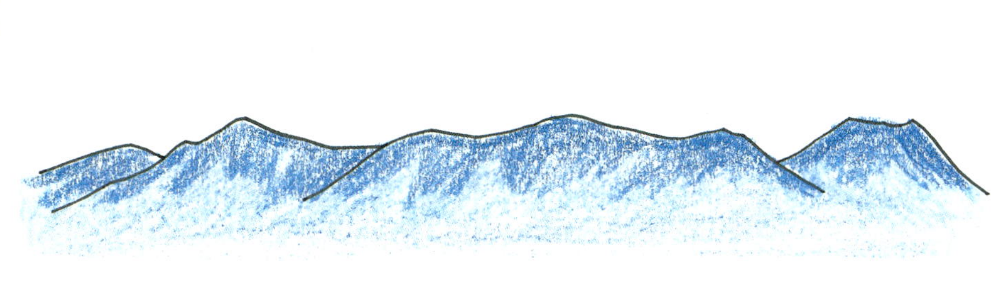

んだ。登山の全行程でここがいちばん嫌い。いちばんといっても、にばんに嫌いなことはすぐに思い浮かばないけど。でも起きてしまえば大丈夫。余計なことしなければ時間に家を出られる。でも不思議と必ず余計なことを始めるよね。こわいよ。コンビニで支払う請求書を探し始めたり、フェイスブック見入ったりね。

山に向かってる間もいい。車でも電車でもいいね。この頃には太陽も昇ってきてね。天気がよくないと心配だけど、それもまたね。登山口までの予定を何度でも確認する。私、数字に弱いから時間の逆算に自信がないから、本当に度々見てる。行ったことない山だったら大変。もう手の甲にでも書いておこうかな。

だんだん車窓に山が近くなってくると、今朝までのあの不穏な感じは忘れて興奮しちゃう。これが友達といればキャアキャアと喜べるんだけど、そういうわけにいかないから、誰にも気づかれないで静かに熱くたぎってる。大きな鼻息ひとつくらいのアピールはするかもな。治まらずツイッターで呟(つぶや)いちゃったり、「お山見えたなう」やっぱりよかった来て。

よし、おにぎり食べるぞ。登り始める30分前には食べておくようにしてる。気合い入れなきゃと思う山だと奮発して「生たらこ」だね、そうじゃないときは「焼

いつもこんなふうに
ぜんぶ床に広げて
準備をしまーす
ダウンJKT
ミッドレイヤー
ネック
ゲーター
帽子
Tシャツ
くつ下
床の上でコーディネート
ボトムス
靴
レインウェア
上下
ヘッドライト
日帰りだとこんなカンジ
おやつ
折りたたみかさ
水筒
20〜30L
ザック
日焼け止め
50
サングラス
お風呂セット

前日のTODO! やること
おにぎりを作る
一合で朝と昼の分です
何度でもアラームを確認
よし
5:00 ON
ほぼ明日の山ウエアに着替えて就寝
登山口までのアクセスは必ず紙に書く
6:00 ●●駅
6:28 ▲△駅
□□線のりかえ
2番ホーム
6:41 発
7:35 ■○駅
エナジーバー
カイロ
ホッ
ライター
ナイフ
ゴミ袋
手袋
ツエルト
ジッパー付き保存袋
大
小
トイレットペーパー
エマージェンシーセット
常備薬
針と糸
ばんそうこうなど
ハッカスプレー
熊スズ
充電中
スマホ
カメラ
モバイル充電池
時計
目薬
リップクリーム
手鏡
手拭い
筆記用具
地図
ポシェット
カード
おさいふ

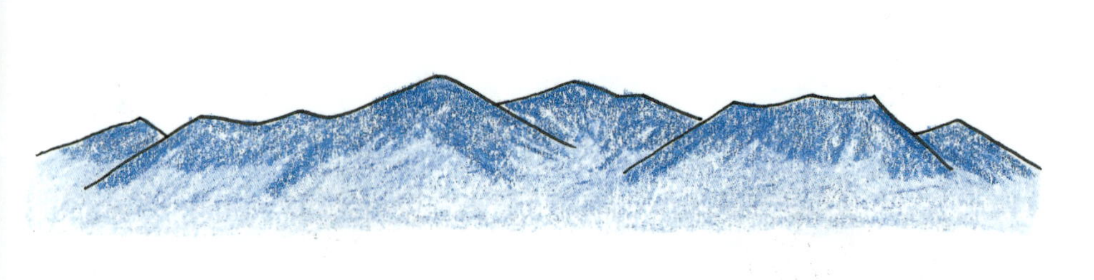

きたらこ」。私、たらこおにぎりが好物なのね。山では好物を食べるに限る。お米を咀嚼しながら、力になるイメージを持つとホントに登れる感じがする。チカラニナーレ、チカラニナーレ。お願いします。米頼み。

登山口に着いたら体が勝手に動き始める。まるで家みたいにトイレに行って、靴ひも締めて、地図見て看板見て、流れるようにすんなり山に入っていく。昨日はあんなダダっ子みたいだったのに、山では紳士の振る舞い（性別がへんだな）。興奮も落ち着いている、なんか落ち着いている。風がザーと吹く。木漏れ日が揺れる。見上げると青空が覗いてる。あ～きれいだなぁ……。ハア、もう満足。今日の登山は成功。ありがとうございました。でもまあ、歩くよね。せっかく来たし、もっといい景色あるかもしれないし。

私だって登りはツライ。ここ何年かは、毎回が久しぶりの登山だからね。でもいいの、いいの。息を切らせたいし、汗かきたいの。おひさしぶ～り～ね～♪って、古っ！「ハハハ！」わ、声出して笑っちゃった。あぶない人だと思われちゃうぜ……って「誰にだよ？」うっ、また声出た。「フフフ」とんだご機嫌ちゃんだな。山はいいよね～。さあさ、早く登って下山しようっと。

昨年いちばん取り戻せた山　甲武信ヶ岳マップ

AREA

甲武信ヶ岳

ACCESS

JR小海線信濃川上駅→タクシー30分→毛木平→徒歩4時間（千曲川源流遊歩道経由）→甲武信ヶ岳山頂

INFORMATION

公共交通機関でアクセスできる「西沢渓谷」にある登山口のほうがメジャールートだが、車があれば是非とも「毛木平」登山口を推したい。川上村のレタス畑をドライブするのも爽快だ。奥秩父入門にもいい山だと思う。

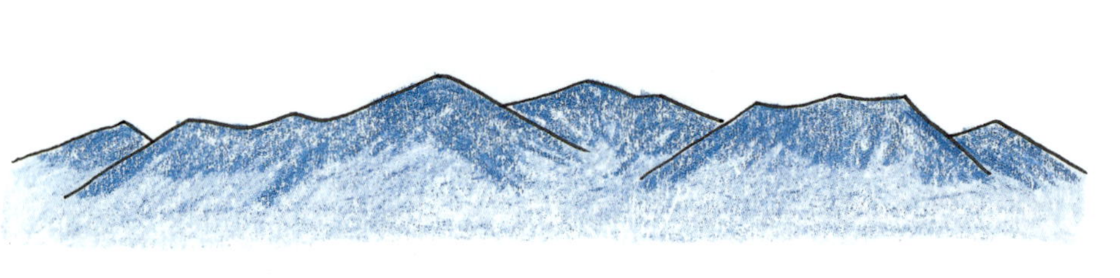

エベレストで死ぬ

山と出会ったカナダ以来、海外旅行には行っていなかった。それが40歳を機に思い立ってエベレストを見に出かけた。それにはこんな理由があった。

「エベレスト」はネパールとチベット（中国）の国境沿いに横たわるヒマラヤ山脈にある世界最高峰。標高8848メートル。登山者でなくとも、一生に一度は見てみたいと思う人は多いと思う。「私もいつか……でもそのうち」出発する1年前はこんなぼんやりした憧れと諦めのなかにいた。

海外に行かなくなったのは、「登山」と出会ったからだろう。仕事も山のことにして、食べていけるまで五里霧中だった。そうしているうちに忙しくなり、だんだん日本の山にも行かないようになってきた……山に行っていないのになんで山を仕事にしているんだろう？　そんな疑問が慢性的に付きまとった。「山も仕事も辞めようかな」そう思い始めた頃、不思議と雑誌の取材で海外に行く機会が立

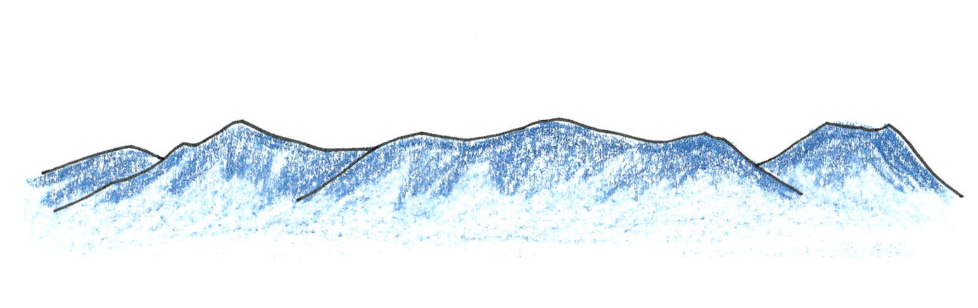

て続いた。マレーシア、アメリカ、スイス、ニュージーランド、カナダ……。見たことのない山容に興奮し、沸々とよみがえる好奇心とチャレンジ精神、完全アウェイの居心地のよさ……「また自由に旅がしたい！」。これらの海外取材が、私にあのカナダに旅立ったときの気持ちを思い出させてしまった。

それから約1年後、向かったのがネパールだった。気の合う友人をひとり誘って、約2週間の旅程でエベレスト街道をタンボチェ村まで歩くことにした。タンボチェ村は街道の半分も満たない手前の村だがエベレストが見えるという。

シェルパ（ガイド）にくっついてブラブラ歩く。荷物はポーターが持ってくれる。街道沿いには村々が点在していてロッジと土産屋を営んでいる。驚いたのは車もバイクも自転車もないことだった。舗装されていない乾いた土の道を牛や馬、ヤギが占領している。そこに野菜とかドアとか窓とかを背負って運ぶ村人と私たちのようなハイカー。動物と対等に行き交えるのは愉快だった。

3日目に街道の銀座であるナムチェ村に着いた。裏の丘を登ればついにエベレストが見える。森林限界を抜けて、空気の層が変わったような感じがした。今か今かと逸る（はや）気持ちを抑えて、ゆっくり歩を送りだす。シェルパの呼びかけに顔を

NEPAL
2013.10.31〜11.11
MIKI SUZUKI
Sagarmatha
8848m
KATHMANDU → LUKLA → TANGBOCHE
TREKKING EVEREST
with Pasang Kidar Sherpa
हिमाल
my sketchbook
Tengboche
14:10

Nepal
11/4
Evelest ViewHotel
Here is !!
8848m
Tengboche
phortse
DAY4
11/3
14:10
Namche
SAKURA

上げると、そこにはエベレストが！……ど。どれ⁇
それは遠く白い6000メートル以上ある山並みの、そのまた向こうでヒョッコリ頭を覗(のぞ)かせていた。正直いって思っていたより小さかった。それでも山頂から雪煙をたなびかせる姿は最高峰の威厳があった。

　そこから2泊進み、私たちの折り返し地点、タンボチェ村に到着。眺めのいい小高い丘があるというので、早朝の澄み切った晴天に私はひとり息を切らせた。冷たいガラス片のような空気が肺に痛い。全身が縛られているように動きにくい。でも細胞のひとつひとつが歓喜で沸き立っているのを感じる。信じられようか、この私がヒマラヤにいることを。1年前、いや、40年前でもいい、まさかエベレストを見に来るような人生になるとは。

　そう思うと今までの道すべてが、「いまここに」繋(つな)がっていたんだと思えた。長かった。長かったよ。40年なんだか長かった。喘(あえ)ぐ鼓動と呼吸を聞きながら、視線の先のエベレストに手を振った。山最高！人生ありがとう！

　たぶん私はここで一度終わった。だからなにか始まったというわけではないが、すべてのことがストンと腑(ふ)に落ちたのだった

エベレスト街道の序盤マップ

AREA

エベレスト街道

ACCESS

成田国際空港→
飛行機（乗り継ぎあり）約16時間→
トリブバン国際空港（カトマンズ）→
国内線飛行機30分→
テンジン・ヒラリー空港（ルクラ）着
＊エベレストBCまでは往復約2週間

INFORMATION

歩くには事前に「トレッキングビザ」を取得する必要がある。現地で手続きをするのも可能だが、滞在日数が短いなら出国前に手配しておいたほうがいい。それが煩わしいなら最初はツアーに参加するのがいいだろう。

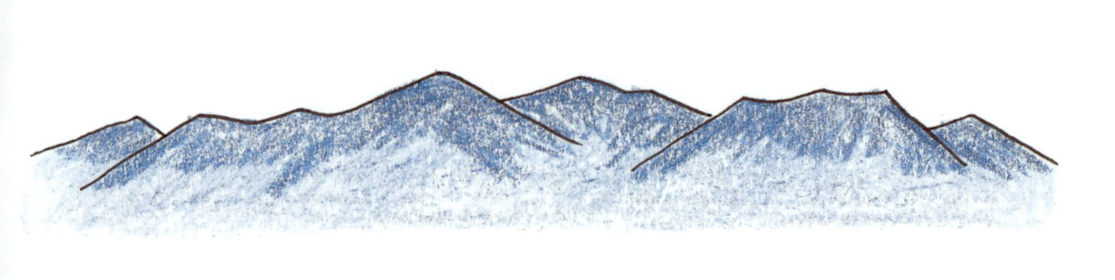

八ヶ岳から藻岩山へ

札幌に越してきて2か月になった。8年住んだ山梨の家が田畑に囲まれた茅葺きの一軒家だったので、ずいぶん都会暮らしである。

以前の家からは八ヶ岳や南アルプスの甲斐駒ヶ岳などが見えていた。その眺望は気に入っていたが、私にとっては近くて遠い山だった。8年間で何度も登っていない。そこにあることで満足しちゃったんでしょうと思うかもしれないが、決してそれだけではない。できることなら山には毎日フラリと行きたい。しかし近くの山々はフラリと行くには厳しすぎた。きっちり装備をし、朝から動きださないとどこの山頂にも立てない。途中で引き返すコースも考えてみたが、それすら1時間やそこらでは帰ってこれない。道も険しいから気持ちの置き所が結局登山になる。なによりひとりで車で行くのが私にとっては大きなストレスで、山に行きたい気持ちを萎えさせた。私が理想とする山との付き合い方ではなかった。

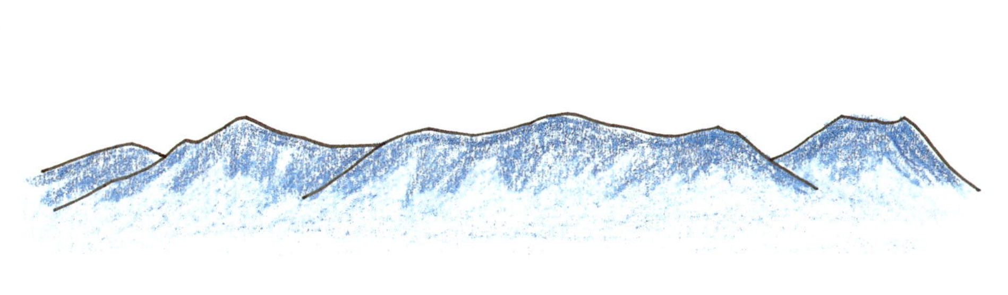

その理想は、もっと気楽に自然に日常生活の負担にならない山だ。イベントでもレジャーでもなく、もっと気が抜けたもの。それが身近にあること。こうなってしまったのは、山小屋とスキー場で長く働きすぎたせいだと思う。だから本当は山小屋にいればよかったのだが、欲張りな私はイベント的な登山もたまにはしたい。だから下界に住み着いている。今はまだ、そんな生活に近づけるよう、手を替え品を替えして試している最中といえよう。

札幌での家探しは、事前に自分の行動に合う便利なエリアを割り出して、現地で「窓から山が見えるところ」を内見させてもらった。不動産屋さんはそんな要望は初めてだと言った。札幌は山に囲まれてはいるが低層住宅密集地なので、中・高層に住まない限り、少しトンチを利かせた立地でないと眺めは望めない。それにはやや中心から離れる必要もあった。そのエリアを聞いた札幌の友達は「なんでそこ?」と全員が首をかしげた。私は候補地を曲げなかったが、東京で例えるなら都外から越してくる友人に「お墓が好きだから鶯谷にしたよ?」と言われた感じだろうか（それには賛成だけど）。

結果は、すべてが希望通りとはいかなかったものの、運よく窓から山が見える

北アルプスと大雪山 比べてみる

最高峰

奥穂高岳

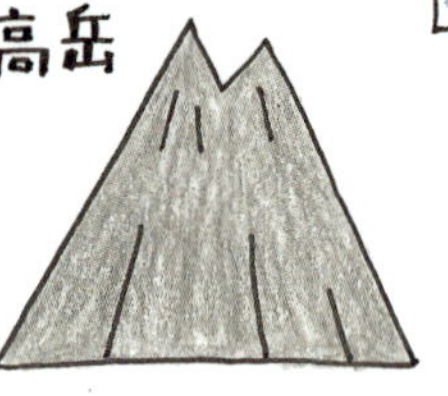

3190m

（北海道最高峰）旭岳

2291m

森林限界

2500m前後

1500m前後

新緑・紅葉シーズン

5月下旬～
6月中旬ごろ
（梅雨をはさんで夏がくる）

6月～
7月上旬ごろ
（間髪をいれずに夏がくる）

10月ごろ

9月ごろ

熊

ツキノワグマ

ヒグマ

山小屋

営業小屋　約90軒
（乗鞍、御嶽をのぞく）

営業小屋　0軒
（避難小屋は4軒
十勝連峰をのぞく）

トイレ

水洗
または
バイオ

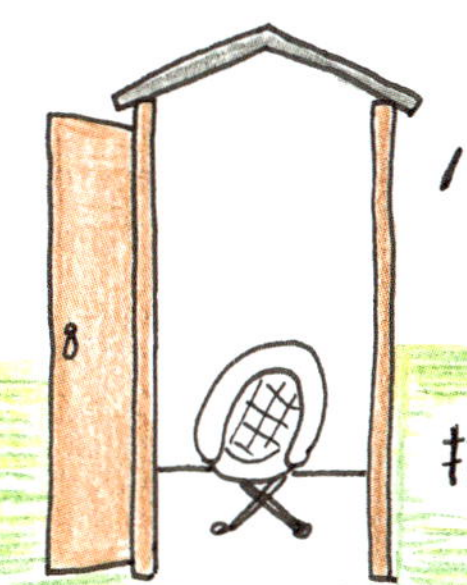

バイオ
または
くみとり
または
携帯トイレブース

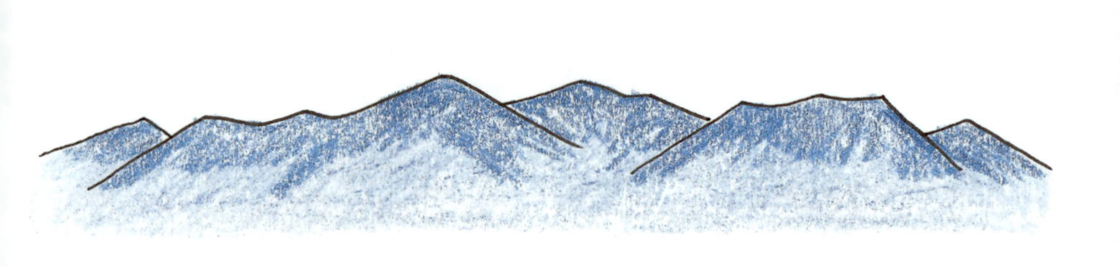

物件に出会えた。これを書いているいまも見えている藻岩山は、標高531メートルの市民憩いの山。冬はスキー場もある。雪がない季節は自転車で行けそうな距離だ。遊歩道も整備されているようなので、ナイトハイクなんてのもいいかもしれない。なんだか今度は仲よくなれそうな予感がしている。

これまでも北海道には何度か来ているが、いつもスノーボードのためだったので夏山はほとんど登ったことがない。馴染みのある関東甲信越の山に比べて緯度が高く、植生もずいぶん違う。四季のメリハリが大きいのも特徴だろうか。山登りの仕方も勝手が違うことがあるというのでイチから教わるつもりだ。あとは、せっかくなのでスキーも始めなきゃ。どうなることやら楽しみ。

山との付き合い方は人それぞれあると思う。経験や年齢、家族や職場のことなどで変わっていくこともあるだろう。私も40代後半戦に突入して、それなりの変化を感じている。それは体力の衰えなどのマイナスなことだけでなく、いまだからできるようになったことが、意外とたくさんあるからだ。

これからも理想は持っていたいが、それなりにそれなりに、そのときの自分なりに、末永く山と付き合っていけたら本望だと思っている。

マイネクストホームマウンテン　藻岩山マップ

AREA

藻岩山

ACCESS

慈啓会病院前コース

地下鉄東西線円山公園駅→
JR北海道バス（ロープウェイ線）10分→
「慈啓会前」下車→徒歩1時間→藻岩山山頂

ロープウェイコース

地下鉄南北線・市電すすきの駅→
札幌市電30分→「ロープウェイ入口」下車→
無料シャトルバス→「もいわ山麓駅」下車→
もいわ山ロープウェイ5分・もーりすカー 2分→
「山頂駅」着

INFORMATION

市内中心部からでも見える山のうちのひとつ。夜景をお目当てにロープウェイや車で山頂に行く観光者や地元住民も多い。アクセスも比較的いいので、札幌出張や観光の合間に出かけてみてはどうだろうか？

COLUMN

5

引っ越し妄想族

窓の外を眺め
いつも考えている

第6章

下山の楽しみ

打ち上げ至上主義

山の酒は旨い。これは、秋の鮭（さけ）は旨いと同じくらい世間に知られている。山ヤに酒豪が多いというのも、酒屋に酒瓶が多い、くらい当たり前のこと、だと思っていたが近頃は若者があまり呑まないと、山の上から街の中から聞こえてくる。私なんかは酒宴で人間関係を築いてきたクチなので少々憂いてしまうが、そんなことはさておき、山の酒の話をしよう。読み流してくれたらいい。

ビールに日本酒、ワインに焼酎、ウイスキー、酒にもいろいろあるが、どれがお好みだろうか？　私はとりあえずビールだ。ずっとビールでいい。しかしご安心いただきたい。ほかのどれでも大丈夫だ。でも乾杯はビールでお願いしたい。

意外だと言われることもあるが、呑みながら山を歩くことはほぼない。酔っぱらった自分と、自分の登山技術の双方に自信がないので自制できている。その代わり呑めると判断してからの着手は素早い。

宿泊する山小屋に到着し扉を開ける。受付票を探すのと同時進行でビールの文字を探す。ナマがあるのか、缶なのか、ドライかプレモルか、瞬時に確認し心をを決める。そしてスマートに宿泊費に合算してお会計だ。しかしすぐには呑むとは限らない。ベストなタイミングでいきたい。今日の一口目はこの一口しかないのだ。山の酒は祝杯だ。無事にここに辿り着いた証し。

単独行のときはどこかに落ち着いて座ってからが好ましい。山小屋泊なら一度部屋に入って身支度を整えてから、テント泊ならテントを張って、それを眺めながらなんてのもいい（呑んだら動かなくなるから）。

仲間との山行の場合はもっと早めに乾杯が訪れる。受付前にとりあえずなんてこともあれば、受付直後そのままの流れでなんてことが多いか。大事にしたいのは全員の「呑みたい」気持ちが高まった瞬間。心から溢れ出る「かんぱ～い！」が唱和できたときの一口目は、この世でいちばんおいしい酒かもしれない。

今日一日楽しく歩いてきても気は張っている。山では意識していなくても緊張しているものだ。一口目が五臓六腑にいきわたると、それが押し返してくるように緊張が解けていく。大げさだが心から生きていてよかったと思う。

酒パッキングスタイル

スタイル1 ムード重視
スキットル

パンツの後ろポケットに
忍ばせたりしちゃって、煙たい
表情をつくってチビチビと
やるウイスキーは格好いいが
いかんせん量が少ない

スタイル2 妥当な選択
ナルゲンボトル

丈夫で漏れないのが利点、
若干匂い移りがあるので、
酒専用器をつくっている人が多い
目盛がついているのも
長期縦走のときの日数配分に
役に立ってくれて◎

スタイル3 スマート派
プラティパス

袋状の水筒は空になると
畳んで小さくなるので便利
内部を洗うのが難しいので
酒の種類で専用器をつくり
水とはわけたほうがいい

スタイル4 山ヤの伝統
紙パック

パック酒は山ヤの伝家の宝刀
最近は普通酒ばかりでなく
安価でおいしいワインもある

スタイル5 男は黙って…
まんま

酒好き渾身のおもてなしは
瓶ごと！無駄な労力という
なかれ。これがザックから
出てきたときのみんなの呆れた
笑顔に疲れはふっとぶ

こんな調子だから下山後の打ち上げ酒はさらに上をいく。家に帰るまでが登山だとすると、自ら最後の最後を最大の難所にしてしまう危険がある。しかし、それを冒してでも打ち上げたい。誰かといい山行を共にすると、まるで人生をサバイブした同志のような感覚が芽生える。山行を振り返って、笑い喜び称えあうことで結束は深まっていく。山行の達成感で満ちる心からはポジティブな言葉しか行き交わない。そんな仲間の顔を見ながらどっと溢れ出てくる安堵感たるや、うまくは説明できないが、「本当に無事に終わったのだなぁ……」と、私が本当に下山を実感するのはビール2杯を飲み干す頃のような気がする。

類は友を呼ぶらしく、私の山仲間は全員、「乾杯」のご発声を常に狙っている。だから遠慮せず酒絡みで山行計画を立てられる。「打ち上げあるのかなぁ?」なんて、ずっと心配しなくていいのは幸せなことである。山選びは、打ち上げ会場選びと同義だ。麓の旬を狙って山を選ぶのもいいし、呑みたい街の沿線にも注目だ。打ち上げ時間が山行時間を上回ることもめずらしくない。酒好きは酒をよりおいしく呑むために「登山」という負荷をかけたいだけなのだ。経験上、打ち上げのないメンバーと次の山行はない。例外なしにそうだ。

山頂でレッツ宴会　陣馬山マップ

AREA
陣馬山

ACCESS
JR中央線・京王高尾線高尾駅→
西東京バス40分→「陣馬高原下」下車→
徒歩1時間30分→陣馬山山頂

INFORMATION
山頂茶屋の営業日は限られているので事前確認を。登山道は整備されているが、だいぶ崩壊箇所も目立ち歩きにくい部分があり、冬場は雪や凍結もあるので注意しよう。高尾山への縦走路は人気がある健脚コースだ。

山の混浴大作戦

下山後の温泉もいいが、山のなかに自然に湧き出ている温泉というのもおつである。山を歩かないと浸かることができないなんて、秘湯中の秘湯といえよう。そんな難度の高い出湯に辿り着けるのは、よほどの秘湯好きか登山者だけだ。

山の温泉には大きく2タイプがある。まず山小屋のなかに浴室があるタイプ。山小屋には基本的にお風呂がないので、あるだけでもオー！なのに、それが温泉となればオオオオーー!!!だ。私は山小屋にお風呂がなくても、衛生面では何とも思わないが、山の夜は底冷えして寒くて眠れないことがある。だから体を温めて布団に入れるのは本当にありがたい。脱衣所があり男女別で入れるのと、湯加減を調整できる場合もあるので、快適さではいちばんだろう。安達太良山のくろがね小屋、九重の法華院温泉山荘、那須岳の三斗小屋温泉なんてドッサドッサと誠に具合のいい源泉がかけ流れている。建物、浴室の雰囲気もよくて最高だ。と

くに紅葉から雪の時期はいいだろうなぁ。

これに対して野天しかないタイプがある。これはなかなかハードルが高い。塀があるタイプ、完全にないタイプ、謎に脱衣所だけ囲いがあるタイプ。基本的には青空混浴だ。「ここは山だ！男も女もないんだ！人類みな兄弟！」と強く念じ続ける必要がある。私はこう見えて混浴には保守派だ。自分のグループに男性がいるか、年上の女性を伴うかでないと入らない。聞くところによると、若い女子は平気で入るという。入ってこられた男性のほうが恥ずかしくて出ていくという。男性は「全然見れないですよ〜」と言っているが、見てますからねっ。やらしい目で見てますからねっ。私はあなたの裸をその横目に晒させたくないよ。見られても減らないなんて言わず、そこんとこ状況見極めてヨロシク。

しかしながら、このタイプが山の温泉の醍醐味といえる。山のなかにポッカリ開いた小さな穴にポッコリはまっている奇妙さよ。そこに温かいお湯が溜まってるという奇跡よ。それを求めてわざわざ歩いてきて、外で真っ裸になる私、つくづく日本人って不思議だなと思う。おすすめは北アルプスの阿曽原温泉、高天原温泉、積雪期の蓮華温泉もよかった。どちらも山の奥の奥。まったくもって簡単

近ごろは混浴に
女性が増えてきたおかげか
水着着用でもOKなところが
多いようですが、
以前私はこんなのを作って
重宝しましたよ
なにかの機会に参考になればー
ゴムのスカートと同じですね
（というかそれで代用もできそう）
肌色に近いベージュのタオル地
脱衣所がなくても脱ぎ着ができる
上がり湯を拭くときも便利
ゴソゴソ
タオルOKの場合
肩と腕を出してドボン
きゃ
タオルみたいにはだけてしまう心配がなくていい♪
タオルNGの場合
てるてるのまま内側から手でたくし上げながら
水面ギリギリにたくし上げつつ…
最後はエイッとまくり上げてドボン
バッ
あがるときは逆まわし→→→

私みたいな ためしてみる？

恥ずかしがり屋さんのための混浴アイデア4

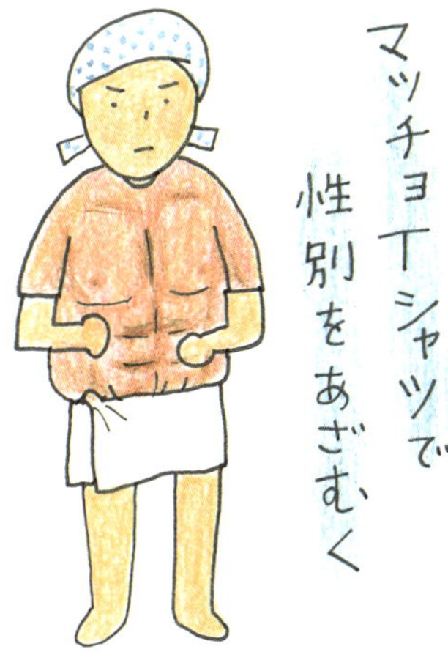

な道のりではないので、どうせそこまで行くなら入湯する信念を持って、しっかり計画をしてほしい。

有名どころでいくと北アルプスの鑓温泉、八ヶ岳の本沢温泉もある。このふたつは野天のほかに女性専用時間を設けている内湯もあるので少しハードルは低いか。ただとても人気があるため週末は混雑していることが多い。温泉を楽しむなら日程には注意が必要だ。

あと、野天で意外と見落としがちなのは湯の温度。温泉は季節を問わずだいたい一定の温度だ。夏に熱いくらいなら冬もいけるが、逆に夏にちょうどいいくらいだと冬はぬるく感じる。おまけに外だ。熱く湧いていても外気や雪でぬるまり雨の後も温度ムラが出る。これを意識していなかった私は厳冬期の本沢温泉の雪見野天に入り、入ったはいいが出られなくなった。雪で湧出量も減るそうだ。2時間くらいで諦めて出たが、ふやけた皮膚の形のまま凍るような辛く苦い思い出だ。違う野天では熱すぎて、足を入れた途端に跳び上がり危うく大ケガをしそうになったこともある。だがお湯に罪はない。温泉は自然のもの、それを踏まえて今後も積極的に恩恵に授かりたい。

山の温泉デビューにぴったり　本沢温泉マップ

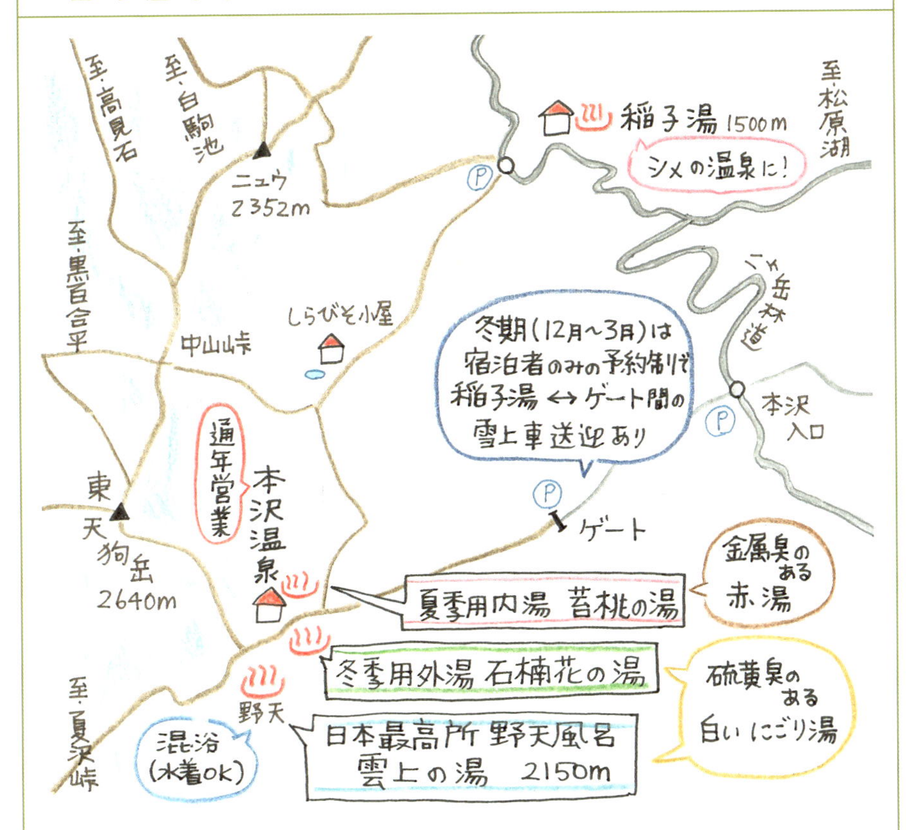

AREA

本沢温泉

ACCESS

JR小海線小海駅→小海町営バス45分→「稲子湯」下車→徒歩3時間40分（しらびそ小屋経由）→本沢温泉着

INFORMATION

八ヶ岳は登山口までの公共交通機関が発達している。無雪期なら稜線を越えて西側に下山したり、縦走して戻ってきたりすることも容易だ。温泉だけを楽しむなら山小屋の雪上車を予約して真冬に行くのがオツではないか。

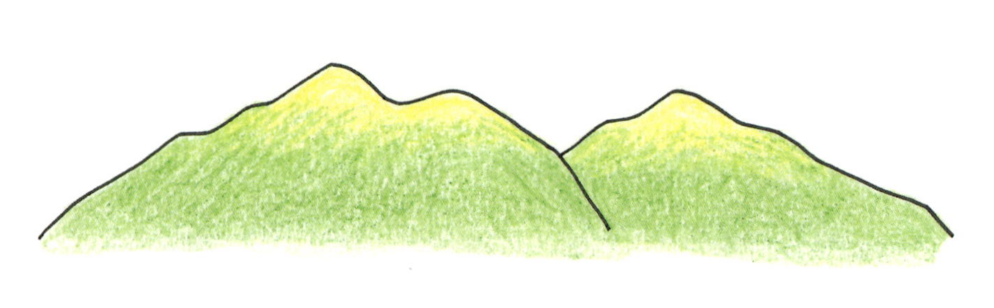

楽しめ下山

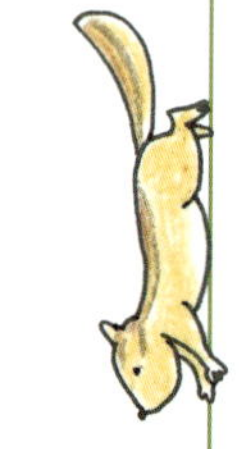

とかく嫌われがちな「下山」。もう少しイメージアップを図りたいと思う。どこが嫌われるのかを考えてみたうえで、フォローしていこう。

筆頭は「ツラい」「しんどい」だろう。うん、そうだと思う。自分の片足より低い位置にもう片足を置くという、股関節、腰回りにとっては不自然な反復運動を疲れてきたところに強いられるわけだ。おまけに山頂で食べたおにぎり4つの重さが自重に加わり、左右の小さな膝に交互に伸し掛かってくるという因果応報。

でもどうだろう、その道を登ることを想像してみよう。ここは下っているほうがよくないか？　ホラ、前方から登ってきた。ツラそうだー、汗すごいー。涼しい顔で挨拶してみよう。きっとちょっとした優越感が芽生える。「アタシはその部分は済んじゃってぇ。ツラいのもぉ、もう終わるんです」どうだ、下山は自慢できることなのだ。それに膝がこんなに笑ってくれることなんてある？

「めんどくさい」も上位に食い込みそうだ。「ロープウェイがあれば……、ヘリが迎えにこないかな……」。わかる、そう怠惰に頭が働いてしまうのは山頂のおにぎりのせいだ。一気に4つは食べすぎだった。頭に酸素がいきわたってない。それはもう高山病と似たような症状だ。お手軽に高所登山を類似体験できるなんてお得だ。しかも下っているのに高山病！ヤッタ！

女性は「怖い」のもあるだろうか。なぜか女性は下りが苦手だ。おっぱいが視界を遮り足元が見えにくいのかもしれない。ちなみに私は苦手ではない。あとよく言われているのが、「身長の高さから見下ろすから、段差がより高く見える」という説だ。でも山でいきなり身長は伸びないはず。ならば、高さの感覚はいつも通りだ。それでもいつもより高く感じるなら本当に背が伸びたのかも。膝が痛いならなおさら成長期に再突入した可能性がある。すごいぞ！

ちなみに身長が低くなれば怖くないのかと想像してみよう。足も比例して短くなるわけだから、段差はもっと高くてツラくなるではないか。だけど子供は元気に駆け下りる。まあきっと、「高さは気から」なんである。

「距離が長い」これは私も感じることがある。やっと下りた登山口からバス停ま

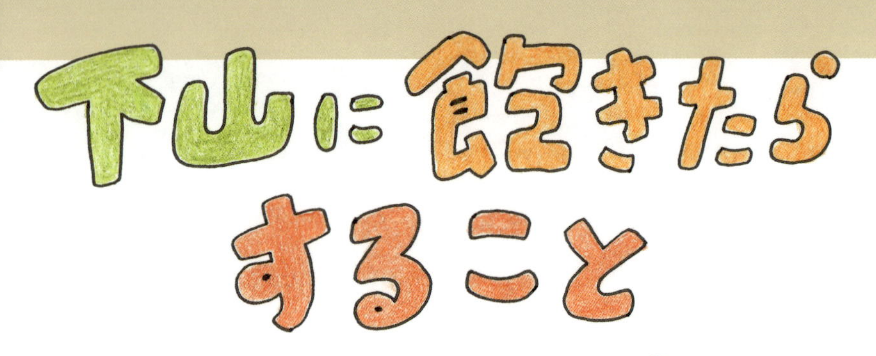
下山に飽きたら
すること

単独行編

実況
おや？
小石がタタく
なりました
おーっと、いま
鈴木が木に
触れましたよ
ザラっと
してますね〜

走る
キャ
キャ
ちょっとスリルも
あって楽しい
トレランほどでなく
小股の速足くらい
かな

仲間山行編

トイレの話

なんかいやらしいしりとり

で10キロメートルとかなると、さすがに疲れがドッとくる。あとは、実際の距離はそうでもないのに「長く感じる」場合もあるだろう。どちらの場合も「疲れ」が関係するが、結局は「飽きる」のだ。それなら飽きないようにしたら下山はラクだ。疲れていても飽きなければいい。

単独行で自分を飽きさせないというのは高度な技術だ。私が試したなかでは音楽を聴くのは有効だった。誰もいないと思って大声で歌っていたら、突然背後から抜かされた。よりによって、モノマネしていた。恥ずかしくて目が覚めて、長さなんて吹っ飛んだ。それ以後、イヤホンは片方だ。

仲間がいるなら定番は「恋バナ」か「しりとり」だろう。少しは間が持つ。あとはもうひたすらに下山後に食べたいものを披露しあう。自然と歩が速まる効果もある。でも私はみんなが飽きて無言で下山している時間っていいなぁと思う。なんかお互いに許しあえてるみたいな感じがする。

残念ながら、「長い」に関してはあまりフォローできなかったが、無事に「下山」できたらそれでいいことだ。でも「下山」は「登山」の余り物ではなく「デザート」。最後まで存分にお楽しみあれ♪

長い下山入門　南アルプス茶臼岳マップ

AREA

茶臼岳

ACCESS

JR東海道本線静岡駅→
しずてつジャストライン路線バス
「南アルプス登山線」(夏季のみの事前予約制)
3時間30分→「畑薙第一ダム」下車→
徒歩7時間30分→茶臼岳山頂

INFORMATION

なにかと不便な南アルプス南部のなかでは、もっとも登頂しやすい山。とはいえ、バス利用だと日帰りは無茶な挑戦になってしまう。できれば日数の余裕をもって計画し、どっしりと構えた山並みを堪能してほしい。

COLUMN

6

結局これの繰り返し

あとがき

「エッセイなんだから自由にのびのび」と恐れずに書いたのだが、とりとめがない割に、案外まとまりのある一冊になった。これまで描いていたコミックでも同じことがいえるが、書きながら自分の姿が見えてくる。今回もまた、「私って『登山』が好きってわけじゃないのかな……」ということが見えてきた。それが一冊を通じて漂っている気がする。

山はそれぞれに楽しみ方があり、感じ方、求めるものも違うはずだ。この本を作りながら山が好きなそれぞれの感性に、山はどう映っているのか知りたくなってきてしまった。今度会ったら教えてください。

最後にこの本を一緒に作ってくれた編集の長岡さん、デザイナーのアルビレオの草苅さん、奥田さん、校正の林（いや〜ん）さん、ありがとうございました。

この本が読者のみなさんの「つかの間のくすくす笑い」の一助になってくれることを願って送り出します。手に取ってくださってありがとうございます。

ぐるぐる、ぐるぐる。
これからも私はぐるぐる山を想うことでしょう。

２０１８年４月１日　鈴木みき

鈴木みき すずき・みき

1972年東京生まれ。イラストレーター。24歳のころに1年間を過ごしたカナダで山や自然の魅力にはまる。帰国後に登山を始め、さらに山好きに。山雑誌の読者モデル、スキー場・山小屋のバイトを経て、イラストレーターに。自身の悩める登山経験を描いたコミックエッセイ『悩んだときは山に行け!』(平凡社)は山ガールの先駆けとしてヒット。以降、登山を親しみやすいイラストで分かりやすく紹介する著作を多数発表した。近年では、登山ツアーを企画、添乗や講演なども行う。札幌市在住。近著に『山登り語辞典』(誠文堂新光社)、『鈴木みきの休日ふらり山旅計画』(エクスナレッジ)、『鈴木みきの富士登山ご案内』(イースト・プレス)がある。

ブログ「鈴木みきのとりあえず裏日記」 https://ameblo.jp/suzukimiki

鈴木みきの ぐるぐる山想記

山頂を目指すだけじゃない山の18項

2018年5月18日 第1版発行

著者 鈴木みき

デザイン アルビレオ
編集 長岡彩香
編集人 武田憲人
発行人 横山裕司

発行所 株式会社 交通新聞社
〒101-0062
東京都千代田区神田駿河台2-3-11 NBF御茶ノ水ビル
編集部 ☎ 03-6831-6560
販売部 ☎ 03-6831-6622
http://www.kotsu.co.jp/

印刷／製本 凸版印刷株式会社

ISBN 978-4-330-87418-0